W0057262

Mosaik

Bleib locker, *Papa!*

Vater sein –
Das Abenteuer geht weiter.
Ein Mann erzählt

Von Kester Schlenz

Mosaik Verlag

Illustrationen:
Detlef Kersten

Genehmigte Ausgabe des Goldmann Verlages.
Dort ist dieses Buch in ähnlicher Form unter dem Titel
»Mensch, Kinder!« erschienen

Der Mosaik Verlag ist ein Unternehmen
der Verlagsgruppe Bertelsmann

© 1998 Mosaik Verlag GmbH, München / 5 4 3 2 1
© 1996 Wilhelm Goldmann Verlag, München
Verlag Gruner + Jahr AG & Co, Hamburg

Einbandgestaltung: Martina Eisele
Satz: Filmsatz Schröter GmbH, München
Druck und Bindung: Clausen & Bosse, Leck
Printed in Germany
ISBN 3-576-11115-8

Inhalt

Vorwort

Andere bau'n was, mein Papa schreibt«, erklärte Henri seinen Freunden, als ich zu Hause mal wieder am Computer saß und an diesem Buch arbeitete. Dessen Vorgänger »Mensch, Papa. Vater werden – das letzte Abenteuer« hatte sich nämlich zu meiner Freude recht ordentlich verkauft. Ein zweites wollte ich eigentlich trotzdem nicht machen. »Zu anstrengend, diese Schreiberei nach der Arbeit«, sagte ich mir anfangs. Doch zum einen passierten wirklich die tollsten Sachen mit unseren beiden Jungs, die ich ohnehin oft schriftlich festhielt, und zum anderen mahnte man mich ständig, daß »die Leute wissen wollen, wie's weitergeht«. Ja, und da habe ich es nun also doch aufgeschrieben, wie es weiterging mit Henri, Hannes, Gesa und mir. Hat Spaß gemacht. War aber auch anstregend. (»Aaaach, das tut uns aber leid, daß Sie soviel Mühe hatten«, denken Sie jetzt, nicht wahr? Danke für Ihr Mitgefühl.)

Hier ist nun also, in einer erweiterten Neuauflage, »Bleib locker, Papa!«, ein Buch voller greller, wilder und auch herzzerreißender Geschichten vom Leben mit diesen wunderbaren kleinen Menschen, mit wirklich umwerfenden Zeichnungen von Detlef Kersten! Eltern werden sich und ihre Sprößlinge wiedererkennen, und werdende Eltern werden wissen, was auf sie zukommt – nämlich das Schönste, Anstrengendste, Lustigste und Wahnsinnigste auf der Welt – Kinder.

Kester Schlenz, Oktober 1997

»Bleibt die Baby lange?«
Henri kriegt einen Bruder

»Die machen bestimmt nur Spaß!« Der kleine Mann steht an seiner Holzeisenbahn und sabbert ein wenig. Gedanken schießen ihm durch den runden Kopf, während er die Schienen einspeichelt. »Nein, das kann nicht sein«, denkt er. »Da soll noch einer kommen? Noch ein Junge oder ein Mädchen, der auch der Sohn oder die Tochter von Mama und Papa ist? So'n Kwacksch«, denkt er (Quatsch kann er noch nicht sagen und auch nicht denken).

Aber – es ist die Wahrheit: Henri, damals zweieinhalb, wird einen Bruder oder eine Schwester bekommen. Der Bauch seiner Mutter spricht eine deutliche Sprache. »Mama – dicke Bauch«, sagt Henri und blickt stirnrunzelnd auf Gesa. Er grübelt. »Papa sagt, da war ich auch mal drin. So'n Kwacksch!«

Er denkt erst mal nicht weiter über die Sache nach. Schließlich gibt es Wichtigeres. Zum Beispiel die Frage, wie er an die kleine elektrische Eisenbahn von seinen Großeltern rankommen könnte. »Die kriegst du bald, wenn du ein bißchen größer bist«, hat Opa gesagt. Das war vor ein paar Tagen. Also geht Henri zu seiner Mutter, zupft am Pulli und fragt: »Ist heute bald?«

Er kann überhaupt nicht verstehen, daß Gesa diese Frage nicht kapiert. Und dann fängt sie auch schon wieder an, auf ihren Bauch zu zeigen, und sagt: »Das Baby, das kommt bald.« Die hören ja überhaupt nicht auf mit dem Kwacksch.

Aber schließlich und endlich sieht Henri ein, daß da wohl wirklich was dran ist, daß er bald nicht mehr allein sein wird. Der kleine Prinz muß die Eltern mit jemandem teilen. Das gefällt ihm nicht. Gar nicht. Andererreits findet er den Gedanken irgendwie ganz nett, einen Bruder oder eine Schwester zu haben. So zum Spielen und zum Kwacksch-Machen. Mehr aber nicht!

Meine Frau und ich gaben uns damals die allergrößte Mühe, unseren Sohn auf das Kommende vorzubereiten. Erklärten ihm, wie wunderbar es sei, der große Bruder, der Beschützer und Lehrmeister zu sein. Henri grinste

dann immer und empfand diese Vorstellung offensichtlich für einen Augenblick lang als reizvoll. Aber schon nach ein paar Minuten kam er wieder an und fragte, wie lange »die Baby« denn bliebe.

Eines war uns allen dreien klar: Wir standen am Vorabend einer revolutionären Veränderung. Was ist die deutsche Wiedervereinigung gegen ein zweites Kind? Gewaltige Anstrengungen standen bevor. Mauern mußten niedergerissen werden (im Kinderzimmer wie in den Köpfen), Solidaritätszuschläge in Massen kamen auf uns zu. Kurz: Da mußte mühsam zusammenwachsen, was zusammengehört. Henri hatte damit naturgemäß die größten Schwierigkeiten. Verbissen kämpfte er gegen die Konkurrenz und kapitulierte dann schließlich doch – anders als in der deutsch-deutschen Gegenwart – vor der alles andere verdrängenden, vorbehaltlosen Bruderliebe. Aber bis dahin war es ein weiter Weg.

Natürlich war ihm anfangs überhaupt nicht klar, was da eigentlich auf ihn zukam. Wir konnten ja viel erzählen von seinem neuen Geschwister: Im stillen hoffte er, die ganze Sache würde sich schließlich doch als großer Irrtum erweisen und die Konkurrenz ausbleiben.

Tja, aber eines schönen Tages war es dann eben soweit. Hannes war da! Und man muß sich einmal in die Psyche eines so kleinen Menschen versetzen. Der wird eines Tages von seiner Großmutter abgeholt, verbringt bei ihr eine Nacht, kommt nach Hause, und plötzlich ist alles total anders. Für ihn muß sich dieser Tag in etwa so abgespielt haben:

Omas Wagen hält vor dem Haus. Henri ist wieder zu Hause. Heute will er mit Papa »Schnüffelhund greift an« spielen, wo Papa immer von Henris Füßen niedergeknüppelt wird und Papa dann jaulend am Boden liegt. Das macht Spaß. Aber, Moment, irgendwas ist anders. Warum steht heute keiner in der Haustür? Warum ist alles so still? Oma ist auch so komisch. Letzten Nachmittag hat sie ihn ganz plötzlich abgeholt. Henri schwant etwas. Mama hatte Weh, Papa war weiß im Gesicht und ist dauernd gestolpert. Mmmh? Seltsam? Was soll's – jetzt ist Henri wieder da. Der Chef. Der, um den sich alles dreht. Der Sohn! »Sei schön still«, sagt Oma, »vielleicht schläft Hannes.« Henri denkt: »Wer ist Hannes, und warum schläft der bei uns?« Er läuft ins Wohnzimmer. Keiner da. Vor allem nicht seine geliebte Holzeisenbahn, die *immer* da ist. »Das gibt's doch nicht!« schreit Henri. Das sagen Mama und Papa immer, wenn ihnen was nicht paßt. »Psst! Sei still. Gestern ist hier doch Han-

nes geboren«, sagt Oma. Sie drückt ihm einen winzigen Blumenstrauß in die Hand. »Wie? Was? Die Baby ist da? Hannes heißt es?«
Er packt den Strauß, umklammert ihn fest mit seiner kleinen Faust und hastet die Treppe hoch. »Hannes«, ruft er und weiß auch nicht recht, warum. Er rennt ins Schlafzimmer. Feierliches Schweigen. Da liegt Mama im Bett und neben ihr ein kleiner Wicht. Alle gucken Hen-

ri an. »Oh«, sagt Henri. Papa grinst dämlich und sagt: »Das ist dein Bruder Hannes, Henri.« Henri sagt gar nichts, rennt zu seinem Papa und gibt ihm die Blumen. Alle lachen. Henri lacht auch. Aber irgendwie ist ihm komisch. Denn eines spürt er: Etwas ist mit diesem Tag zu Ende gegangen. Unwiderruflich!

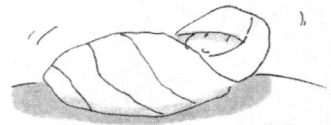

»Ich kümmere mich um die Indianer!«
Protokoll einer Hausgeburt

Ja, wir wollten es wagen. Na ja, ich eigentlich nicht. Denn ich bin bekennender Verschwörungstheoretiker und wittere überall Gefahren. Aber meine Frau hatte sich entschieden: Das zweite Kind sollte möglichst zu Hause zur Welt kommen. ZU HAUSE! Können Sie sich so was Verrücktes vorstellen? Als Gesa mir ihren Wunsch mitteilte, wurde ich demonstrativ ohnmächtig. Dann theatralisch (»Willst du unsere Familie ins Unglück stürzen? Willst du das? Sprich!«), schließlich fatalistisch (»Ach, mach doch, was du willst. Aber gib mir später nicht die Schuld. Mir nicht.« Der Kopf sinkt resignierend auf die Tischplatte und schlägt dumpf auf). »Ist ja gut«, sagte Gesa. »Ich verstehe, daß du Bedenken hast. Also werden wir uns zusammen informieren und dann gemeinsam entscheiden.«

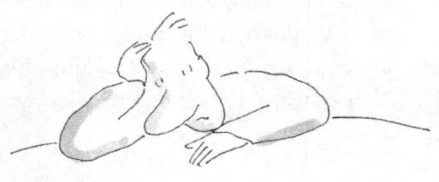

Wir trafen uns also mit Sabine, einer Hebamme, und führten ein ziemlich intensives Gespräch. Schließlich wurde mir klar, daß Hausgeburten beileibe kein Russisches-Roulette-Spiel sind, sondern ein nach genauen medizinischen und psychologischen Kriterien gemeinsam vereinbarter Versuch, ein Kind dort zur Welt zu bringen, wo sich alle am wohlsten fühlen, nämlich zu Hause. Trotzdem: Ein gewisses Restrisiko blieb. Ich schlief also etwa zwanzig Nächte schlecht. Aber schließlich war ich dann doch dafür und hoffte nur, daß es schon irgendwie glattgehen würde. Es ging glatt – dies vorneweg. Aber es war aufregender als alles, was ich bisher erlebt habe.

Im folgenden dokumentiere ich meine Notizen, die ich – bleichgesichtig, aber glücklich – am Tage nach der Hausgeburt angefertigt habe:

Am Sonntag, dem 10. Oktober, um 6.30 Uhr hat Gesa die erste deutlich spürbare Wehe. Weitere folgen in unregelmäßigen Abständen. Sie denkt, es handele sich noch um »Übungskontraktionen« und gibt Entwarnung. »Ach was, das ist normal ein paar Tage vor der Geburt.« Ich bewundere ihre Coolness. An ihrer Stelle hätte ich sofort Panikattacken bekommen.

Wir frühstücken, spielen mit Henri »Eisenbahn fährt Autos platt«, und Gesa sagt, daß es heute bestimmt noch nicht losgehe, wo das Wetter doch so toll sei. (Warum das zur Begründung taugen sollte, ist mir immer noch recht unklar.)

Am späten Vormittag beschließen wir, einen ausgedehnten Spaziergang zu machen. Gesa hat ab und zu schwache Wehen. Noch immer machen wir Witze und glauben, daß es noch ein paar Tage dauert. Aber im stillen hoffe ich, daß wir unrecht haben. Denn ich will das Ganze endlich hinter mich bringen. Ich habe wieder vermehrt Alpträume, in denen folgende Dialoge zu hören sind: Hebamme: »Wir müssen sofort ins Krankenhaus!« Vater: »Der Wagen springt nicht an!« Mutter: »Ich halt's nicht mehr aus. Helft mir!« Hebamme: »Ruf einen Krankenwagen!« Vater: »Das Telefon – jemand hat die Leitung durchgeschnitten!« Mutter: »Himmel – wer sollte so etwas tun?« Henris Stimme (kommt hinter einem Vorhang hervor): »Will kein Baby. Happe Telefon puttemacht.«

Um 13.30 Uhr essen wir bei Freunden das von der »Internationalen Gemeinschaft der Cholesterin-Fans« empfohlene Gericht Hähnchen mit Fritten. Lecker, das! Henri wird quengelig, und wir gehen um etwa 14.30 Uhr nach Hause. Auf dem Weg kriegt Gesa plötzlich mittelstarke Wehen, kann manchmal nicht mehr weitergehen. Mir steigt das Blut in den Kopf. Ich sehe Gesa schon vor mir auf der Straße liegen und entbinden. Mein zweites Kind – im Straßenstaub geboren. Aber ich reiße mich zusammen. Wir brauchen wegen der Schmerzpausen ziemlich lange nach Hause. Dort angekommen, ist erst mal wieder Ruhe, aber es kommen weitere Wehen in immer kürzeren Intervallen. Gesa notiert sich die Abstände (»Ich muß Sabine doch vernünftige Angaben am Telefon machen«). Die macht sie dann auch, und Sabine sagt in der für sie typischen Ruhe: »Ich komm' dann mal vorbei.«

Wir werden »dezent hektisch«, rufen Gesas Mutter an. Sie soll Henri abholen. Sie kommt ziemlich schnell und packt den mopsfidelen Burschen ein, der sich mit seinem üblichen »Düüüs« von seinen Eltern verabschiedet. Wenn er wüßte, was dieser Tag alles ändern wird. Kurz darauf kommt Sabine. Es ist 15.30 Uhr. Sie untersucht Gesa. Ich kriege aber den ersten Befund nicht mit, weil ich Gesas Mutter hinterherfahren muß. Ich habe nämlich in der Aufregung auch Gesas Mutterpaß in Henris Tasche gestopft. Typisch.

Als ich wiederkomme, sitzt Gesa schon mit starken Wehen auf dem Sofa. Es geht also wirklich los. Ich bereite mit Sabine unten im Wohnzimmer alles Nötige vor. Eine Matratze wird hereingeschleppt, mit einer Plastikfolie »gesichert«, mit einem Bettlaken bespannt und mit großen Einwegtüchern bedeckt. Dann hole ich Kissen und Wolldecken. Sabine packt inzwischen ihre Taschen aus, deponiert hier ein Fläschchen, dort eine fertig aufgezogene Spritze und – dezent hinterm Vorhang – auch ihr Beatmungsgerät. Ich kriege Pickel vor Aufregung.

Gesa hat immer stärkere Schmerzen und legt sich tapfer atmend auf die Matratze. Ich massiere ihren Rücken. Sabine mißt regelmäßig die Herztöne und macht Gesa auf ihre einfühlsame Art Mut.

Mir kommt das alles auf einmal so unwirklich vor. Wir sitzen am Sonntag nachmittag in unserem Wohnzimmer, und gleich soll Gesa unser zweites Kind bekommen. Hier, wo wir gestern noch Heinz Rühmann in »Pater Brown« (»hübsch-häßlich hier«) geguckt haben. Schaffen wir das? Draußen wird es langsam dunkel.

17 Uhr. Der Muttermund ist schon ziemlich weit offen. Gesa hat starke Schmerzen. Ich überlege, wie lange das Ganze wohl dauern wird. Aber Sabine meint plötzlich trocken: »Na, da sind wir ja bald soweit.« Ich kann's kaum glauben. Unser Kind soll bald dasein?

Sabine bittet Gesa, sich noch einmal aufzuraffen und auf die Toilette zu gehen. Das macht sie auch, aber ausgerechnet dort bekommt sie eine heftige Wehe, verbunden mit Fruchtwasseraustritt. Wir müssen sie unbedingt wieder auf das Matratzenlager bringen, aber Gesa macht plötzlich schlapp, bleibt auf dem Klo sitzen und stöhnt: »Ich kann nicht mehr.« Wir schleppen sie halbwegs zurück ins Wohnzimmer. »Wie in einem Feldlazarett«, schießt es mir durch den Kopf. Gesa tut mir so leid. Langsam beginne ich zu zweifeln, ob das mit der Hausgeburt wirklich so eine gute Idee war.

Zwischendurch hat Sabine eine zweite Hebamme namens Erika angerufen, die sich auch gleich auf den Weg macht. Sie kommt gegen 17.20 Uhr. Eine nette Frau, die sich gleich ziemlich hingebungsvoll um Gesa kümmert. Sie hat einen Gebärhocker dabei, auf den sich Gesa dann setzt. Ich stütze sie vom Sofa aus. Gesa lehnt sich stöhnend in meinen Schoß. Die Austreibungsphase (ein schreckliches Wort!) ist in vollem Gange. Bisher ist alles ganz gut vorangegangen. Aber jetzt – so kurz vor Schluß – gibt es eine kleine, aber für Gesa sehr schmerzhafte Verzögerung. Hannes hat es sich – schon mitten auf dem Weg nach draußen – noch einmal anders überlegt, dreht sich plötzlich noch einmal um die eigene Achse und legt die Hand an den Kopf. Das tut Gesa höllisch weh! Wir machen ihr Mut. »Da«, sagt Sabine, »du kannst das Köpfchen schon fühlen.« Gesa lächelt sogar einmal kurz, schreit und stöhnt dann aber weiter. Mir wird ganz anders. Ich nehme alles nur noch wie durch einen Schleier wahr. Als ob ich gar nicht mehr dabei wäre. Mein Blick fällt auf ein paar kleine Blutflecken, die Gesa auf dem Teppich hinterlassen hat, und ich denke, daß ich jetzt eigentlich Salz holen und da draufstreuen müßte. Als ob Gesa Rotwein in den Adern hätte. Ich bin vorübergehend nicht mehr ganz bei Sinnen.

Aber dann endlich, um 17.50 Uhr, macht es »flutsch«, und Hannes ist draußen. Mit geballter Faust. Und das im Zeitalter des Post-Kommunismus!

Leider hat diese martialische Geste dazu geführt, daß seine arme Mutter ein bißchen eingerissen ist. Aber das merken wir zunächst gar nicht. Erst mal wird der Kleine in warme Handtücher gehüllt und auf Gesas Bauch gelegt. Sie sieht sich glücklich lächelnd sein kleines gnatziges Gesicht an. Hannes pöbelt. Erst nach ein paar Minuten fragt Gesa: »Was ist es denn nun?« »Ach«, sagt Sabine, »ich hab' noch gar nicht nachgeguckt.« Das tun wir dann endlich: ein Junge! Gesa gibt später zu, sie sei einen kleinen Moment enttäuscht gewesen, daß es nun doch kein Mädchen war. Aber das sei schnell vorbeigegangen. Mir ist das vollkommen egal. Ich gucke nur, ob das kleine Wesen auch gesund und vollständig aussieht, was zweifelsfrei der Fall ist.

Leider ist Gesas Martyrium noch nicht ganz zu Ende. Die Plazenta muß noch raus. Was Frauen alles wegstecken können … – es ist mir ein Rätsel.

Anschließend wird Hannes abgenabelt und untersucht. Kerngesund, der Knabe!

Sabine und Erika lassen uns dann eine Zeitlang allein. Da liegen wir nun und bestaunen den Zwerg. Er hat schwarze Haare, was uns stark verwundert. Der Kinderarzt scherzte später, versonnen auf meine dunkelblonden Haare blickend: »Na, Herr Schlenz, Sie haben Ihre Frau wohl zu oft allein gelassen, was?« Heute hat Hannes übrigens fast blonde Haare und sieht mir auch ähnlich. Nur damit da keine Zweifel aufkommen.

Während wir also so daliegen, habe ich wieder das Gefühl von Unwirklichkeit. Wir in unserem Wohnzimmer, auf einer Matratze liegend, mit unserem Kind, das noch keine Stunde alt ist. In vertrauter Umgebung, von netten Menschen betreut, die in der Küche Tee trinken. Wie in einem Film über das rauhe Landleben. Habe ich jemals an der Hausgeburt gezweifelt? Ich doch nicht!

Das Ganze hat aber auch etwas Skurriles. Im Badezimmer liegt die Plazenta in einer Schale neben dem Waschbecken. Den Wohnzimmerteppich zieren fünf kleine Blutflecken. Auf dem Sofa liegt Henris versiffte Schmuddeldecke, die Erika mir in den Rücken geschoben hat, als ich Gesa unterstützte. Wenn das Schulmediziner gesehen hätten – sie wären sofort ohnmächtig geworden.

Als Sabine und Erika dann zurückkommen, wird Hannes noch mal gründlich untersucht und gewogen (3450 Gramm). Anschließend eröffnet Sabine Gesa dann, daß sie leider doch ein wenig genäht werden müsse und daß sie, Sabine, dies sehr ungern täte. Ein Frauenarzt muß her! Sabine schlägt vor, Gesas behandelnde Gynäkologin anzurufen. Frau Dr. R. sagt tatsächlich zu. Ich befürchte, daß Gesa mir spätestens jetzt zusammenklappt. Aber sie meint nur, daß sie es »sehr nett« von ihrer Ärztin findet, den weiten Weg zu uns raus zu machen. Von wegen »das schwache Geschlecht«! Ich glaube, wenn Sabine Gesa eröffnet hätte, sie müsse ihr jetzt leider eine Spritze in den Augapfel geben, hätte meine Frau wohl lediglich geantwortet: »In den linken oder den rechten?«

Kurz bevor die Ärztin da ist, findet Sabine, ich solle doch jetzt mal einen großen Kochtopf vorbereiten. Die Instrumente zum Nähen seien möglicherweise nicht mehr ganz steril und sollten noch mal ein paar Minuten in kochendes Wasser. Mir wird ganz mulmig zumute. Eine

Sterilisation in unserer Küche? Was kommt als nächstes? Daß ich für Gesa ein Stück Leder zum Draufbeißen besorgen soll? Aber ich tue wie geheißen. Und auch Frau Dr. R. findet offensichtlich nichts dabei, als Sabine ihr sagt, der Nadelhalter und die Schere brodelten noch in der Küche im Topf. Ich bin trotzdem fix und fertig wegen dieser vorsintflutlichen Sicherheitsmaßnahmen.

Wir beschließen, die kleine Operation oben in unserem Schlafzimmer durchzuführen, weil Frau Dr. R. dort besser an Gesa rankommt. Aber sicher: Die Treppen rauf mit meiner Frau. »Oder vielleicht lieber in den Keller wegen der Neonröhren«, denke ich.

Gesa läßt sich jedoch ohne Murren nach oben bringen, legt sich folgsam aufs Bett, bekommt schmerzhafte Betäubungsspritzen – und bleibt cool. Dann beginnt Frau Dr. R. zu nähen. Es stellt sich allerdings schnell heraus, daß das Licht nicht reicht. »Ich hätte da eine Spitzen-Taschenlampe«, raune ich und muß fast lachen.

»Gern, her damit«, ist die Antwort. Also nehme ich meine extra starke amerikanische Polizei-Taschenlampe und sorge für OP-Licht. Das ist schon eine seltsame Situation. Die Ärztin kniet vor unserem Bett. Sabine stützt und tröstet Gesa, und ich stehe mit dämlichem Gesichtsausdruck daneben und sorge für die richtige Beleuchtung. Wie in einem Abenteuerfilm! Es hätte nur noch gefehlt, daß John Wayne mit einer Winchester ins Zimmer stürmt und mit den Worten »Macht euch über die Indianer keine Sorgen« beginnt, aus dem Fenster zu schießen.

Als die Operation beendet ist, gehen wir alle runter, und ich gieße fünf Gläser Champagner ein. Es ist mir ein absolutes Rätsel, wieso Gesa schon wieder so fit ist. Hannes liegt friedlich ratzend auf dem Sofa. Wir trinken auf ihn, und mir ist, als ob der kleine Kerl dabei einmal kurz gelacht hätte. Denn das sollte wenige Monate später eine seiner hervorstechendsten Eigenschaften werden: das ständige, entfesselte Kichern und Grinsen.

Henri der Zweite

Henri und Hannes

Es wächst zusammen,
was zusammengehört

»Der bleicht noch aus«, meinte eine meiner Tanten, als sie den schwarzhaarigen, dunkelhäutigen Hannes sah (und sie sollte recht behalten). Mir wäre er auch als Italo-Variante recht gewesen.

Da war er nun also. Unser zweiter Sohn. Zu Hause geboren.

Ich konnte es immer noch nicht fassen. In den ersten Tagen kam ich mir vor, als hätte ich eine Schicht Watte um den Kopf. Die Hausgeburt steckte mir immer noch in den Knochen. Ich fand alles zu hektisch, hatte Angst, Henri käme zu kurz, und mußte mich ein zweites Mal daran gewöhnen, daß der normale Tag-und-Nacht-Rhythmus zu einer formlosen Masse aus nicht vorhersagbaren Ruhe- und Aktionsphasen wurde. Aber ich war natürlich überglücklich, daß, wie man so schön sagt, »Mutter und Kind wohlauf« waren.

Um mich abzulenken, entwarf ich verschiedene Geburtsanzeigen.

Wie damals bei Henri lehnte Gesa natürlich die besten wegen angeblich vorsätzlicher Geschmacklosigkeit ab. Etwa die im Stil von Horrorfilmen:

Sie dachten, es wäre vorbei.
Aber das Grauen hat wieder einen Namen:

Hannes!

Er kam nur nachts

Ich wollte diesmal – als nostalgische Erinnerung an den Beginn meiner journalistischen Laufbahn – jedoch unbedingt etwas mit Film oder Kino in der Anzeige haben. Folgender Text fand dann schließlich Gnade vor Gesas kritischem Auge:

Wegen des großen Erfolges von Teil I jetzt

Hannes

ab 10.10.93,

Windelmascope, Dolby-Brüll,
unbeschnittene Fassung

Vorstellungen:
die ganze Nacht durch, etwa alle zwei Stunden

Vom bewährten Produzenten-Team
des Klassikers »Henri«

Die Presse:
»Nacktes Fleisch, Lärm, Unrat – absolut kein Film
für schwache Nerven.«

Prädikat: besonders haarvoll

Hannes machte uns jede Menge Freude. Von Anfang an zeichnete sich der kleine Kerl durch überbordend gute Laune aus. (Das ist bis heute so geblieben.) Es wurde allerdings schnell klar, daß das die einzige Gemeinsamkeit zwischen unseren beiden Burschen war. Henri, der Vorsichtige, immer genau Abwägende, blickte stets kopfschüttelnd auf das Treiben seines rauhbeinigen Bruders.

Der entwickelte in Windeseile einen unstillbaren Entdeckungsdrang und eine ungeheure Risikobereitschaft. Hannes kennen unsere Freunde und Verwandten eigentlich nur mit Pflastern, Beulen und Verbänden. Schon mit anderthalb Jahren krabbelte er laut quasselnd auf Spielplätzen steile Rutschen hinauf und stürzte sich grölend in die Tiefe. Körperliche Auseinandersetzungen mit seinem älteren Bruder wagte er schon mit einem Jahr. Einmal, als wir zu Besuch bei Freunden waren, war Hannes plötzlich verschwunden. Nach hektischer Suche entdeckten wir ihn schließlich im Hundekorb von »Swipp«, einem gigantischen, pechschwarzen Schäferhundmischling. Hannes turnte grinsend auf dem riesigen Tier herum und zwickte es dauernd neckisch. »Swipp« ließ sich das alles gefallen. Mir rutschte das Herz trotzdem in die Hose.

Henri war (und ist bis heute) stets fassungslos, wenn er Hannes' Eskapaden mit ansah. »Hannes, Hannes«, schrie er immer und rannte besorgt neben seinem kleinen Bruder her. Wir brauchen auch heute eigentlich gar nicht weiter auf den Kleinen aufzupassen, wenn wir unterwegs sind. Bevor Hannes auch nur die Nähe einer Straße erreicht, schreit Henri laut: »Hannes, Hannes – Papa, hol die Hannes zurück.« Manchmal wirft er sich vor lauter Angst sogar zu Boden.

Erstaunlich, wenn man bedenkt, wie Henri am Anfang auf »die kleine Bruder« reagiert hat. Mit heftigen Eifersuchtsanfällen nämlich. »Der soll wieder weg« war noch die harmloseste Formulierung. Es nervte Henri, daß seine Mama soviel Zeit mit dem kleinen Eindringling ver-

brachte. Es störte ihn, daß nicht mehr allein seine Witze Quell allgemeiner Erheiterung waren. Er war sauer, weil sich dauernd alle den kleinen Wurm Hannes ansahen, statt, wie üblich, Henri ihre ungeteilte Aufmerksamkeit zu widmen. Besonders Gesa war anfangs Zielobjekt seines Grolls. Sie kümmerte sich in Henris Augen einfach zuviel um Hannes. Also bestrafte er sie, indem er sich in den ersten Wochen nur noch von mir wickeln ließ. Zum Glück hatte ich Urlaub, sonst wäre es zu einem Fäkalien-Inferno gekommen. Denn – das ist offenbar typisch für Kinder, die Geschwister kriegen – Henri entwickelte sich plötzlich zurück. Ließ sich wieder füttern, brabbelte unverständliches Zeug, krabbelte zeitweilig wieder und behauptete, er habe noch nie laufen können. Kurz: Er verwandelte sich wieder in ein Baby, das ebenso wie Hannes »betütert« werden mußte. Er merkte schnell, wie er

Gesa besonders gut fertigmachen konnte, wenn sie mit beiden allein war. Kaum hatte sie Hannes an die Brust gelegt, fing Henri mit steter Regelmäßigkeit an, an seiner Hose herumzunesteln, und behauptete, er müsse jetzt »ganz doll pinkeln«. Es versteht sich von selbst, daß Gesa ihn regelmäßig vor dem Stillen fragte, ob er denn mal müsse, was selbstverständlich immer vehement verneint wurde.

Zu mir war Henri zuckersüß. Wenn schon seine Mutter sich um den Neuling kümmerte, dann wollte er wenigstens seinen Vater ganz für sich haben. Schließlich verstieg er sich sogar zu der Behauptung, daß Hannes »Mamas Sohn« und Henri »Papas Sohn« sei. Außerdem »verpetzte« er seinen Bruder dauernd. Was natürlich Unsinn war. Wenn er mit Hannes allein in der Küche war und ein Glas herunterfiel, behauptete er steif und fest, das sei »die Hannes« gewesen, obwohl der – motorisch noch arg unterentwickelt – harmlos in seinem Wipper lag. Aber Henri hielt den Hannes-Haß nicht lange durch. Nach und nach entwickelte sich – erst zaghaft, dann immer

heftiger – die Bruderliebe. Kaum hatte Hannes ihn das erste Mal angegrinst, da fand er, daß »die Baby so toll lacht«. Dann fing er auf einmal an, seinem Bruder die Bettdecke zu richten, wenn diese verrutscht war. Schließlich reagierte er auf das Schreien von Hannes nicht mehr mit ärgerlicher Miene, sondern rannte zu dessen Bett und fragte besorgt: »Oh, Hannes, was hassu denn?«

Eifersuchtsanfälle kamen (und kommen bis heute) immer wieder mal vor, wurden aber merklich seltener. Als Hannes begann, die Welt zu entdecken (Glasbruch, zerstörte CDs, Urin auf dem Teppich), und demzufolge auch mal ausgeschimpft werden mußte, kam es zu den ersten Verbrüderungen zwischen den beiden. Einmal, nach einem Donnerwetter, weinte Hannes laut. Henri stürmte auf mich zu und schrie mit rotem Kopf: »Was hast du mit meinem Bruder gemacht?« Und als Hannes einmal bei einem Besuch in Henris Kindergarten geschlagen wurde, schubste Henri den Übeltäter und stauchte ihn zusammen (»Meine Bruder darf nicht gehaut werden«). Und das, obwohl er die körperliche Auseinandersetzung sonst eher scheut.

Wir freuten uns natürlich über die herzerfrischende Bruderliebe, die übrigens auf Gegenseitigkeit beruht. Hannes pflegt seinen Bruder bis heute anfallsartig zu umarmen und brutal zu herzen.

Natürlich gab und gibt es auch Zoff zwischen beiden. Das wird eigentlich mit jedem Jahr schlimmer. Man streitet um Spielzeug und das beste Brötchen, um den Kuschelplatz unter Papas Decke, um die letzte Reiswaffel etc. Außerdem pflegt Henri sich neuerdings auch als Erzieher seines Bruders aufzuspielen. Wenn Hannes bei einer Mahlzeit herumsaut und zuviel Lärm macht, schreit Henri, manchmal noch bevor wir reagieren: »Ruhe, Hannes, sonst essen wir ohne du!« Oder in perfekter lautmalerischer Kopie meiner härtesten Sanktionsandrohung: »Lassas, sonst fliegsu raus.«

Hannes ist in solchen Situationen sehr beeindruckt und bewirft seinen Bruder dann gern mit Speiseresten.

Überhaupt ist Hannes nicht leicht kleinzukriegen. Deshalb paßt der Spitzname »Schwarzer Abt« auch so gut. Gesa hat ihm nämlich mal einen dunklen Bademantel mit einer Kapuze genäht, der mit einer weißen Kordel zusammengehalten wird. Als Hannes darin zum ersten Mal in Sandaletten und mit gefalteten Händen wie der unheimliche Bösewicht aus den alten Edgar-Wallace-Filmen über den Flur watschelte, war die Assoziation perfekt. Insbesondere, weil er genauso dämonisch aussehen kann, wenn er etwas zu essen wittert.

Henri allein außer Haus
Im Kindergarten

Er wußte, es würde ein harter Tag werden. Sie hatten ihn schon lange darauf vorbereitet, oft und viel darüber gesprochen. Eigentlich war ihm alles klar. Es mußte sein. Alle anderen machten das auch mit. Die Tasche war gepackt und stand im Flur bereit. Proviant sei eingepackt, versicherte man ihm, da müsse er sich keine Sorgen machen. Was würde ihn erwarten? Welche Geheimnisse? Welche Schrecken? Welche Freuden? Freuden konnte er sich eigentlich nicht vorstellen. Denn er sollte *allein* dort bleiben. Allein! O Gott, das würde er nie durchhalten! »Ob ich mich krank stelle?« fragte er sich, verwarf den Gedanken aber wieder. Das würde die Sache

nur aufschieben, nicht aufheben. Dann zog man ihm die Jacke an. Eine Mütze wurde hastig auf seinen Kopf gesetzt. »Komm, wir sind spät dran«, sagte die vertraute Stimme, die er jetzt so lange nicht mehr hören würde. Mindestens vier Stunden. Eine Ewigkeit. Henri sollte das erste Mal – in den KINDERGARTEN. Schwer wie Blei waren seine Füße, als er zum Auto wankte und sich in den Kindersitz fallen ließ.

Seine Mutter fuhr durch nur zwei Straßen, dann waren sie da. Er sah das Gebäude. Schmucklos, viel Glas. Immerhin ein Spielplatz nach hinten heraus. Kein schlechter. Aber das machte es vorerst auch nicht besser. Sie stiegen aus. Henri griff nach der Hand seiner Mutter. Er hielt sie sehr fest. Sie gingen langsam auf das Gebäude zu. Aus den Augenwinkeln sah er andere Kinder mit ihren Müttern. Sie schienen in ähnlicher Lage zu sein. Das tröstete ihn ein wenig. Aber was war das? Das Toben und Schreien aus dem Innern des Kindergartens? Das klang nach anderen, nach *fremden* Kindern. Die waren nicht neu. Nein, sie hatten sicherlich schon alles besetzt und unter sich aufgeteilt. Er ahnte, es würde Ärger geben. Er zögerte, blieb stehen. Seine Mutter zog ein wenig an ihm. »Was ist denn, kleiner Mann?« fragte sie mit sanfter Stimme, und er kapitulierte. Ließ sich mit gesenktem Haupt hineinführen. »Wat mutt, dat mutt«, hatte sein Vater gesagt. So ließ er es geschehen.

Drinnen sah er Garderobenhaken auf seiner Höhe. Und gleich links war eine Toilette mit Waschbecken und kleinen Klos, genau passend für ihn. So was hatte er noch nie gesehen. Ein Klo, auf das er sich bequem und ohne Verrenkungen setzen konnte, in das er nicht hineinzufallen drohte. Sollte dies doch ein passabler Ort sein? Sollte er sich geirrt haben? Er beschloß, tapferer zu sein. Die Frauen (Erzieherinnen wurden sie genannt), die ihm vorgestellt wurden, machten ebenfalls keinen schlechten Eindruck. Sie waren freundlich und wirkten warmherzig. Wie Mamas. Besonders die eine, Frau R. Sie strich ihm sanft über den Kopf und sagte mit fester Stimme: »Das schaffen wir schon, mein Kleiner, was?« »Ja«, piepste er und versuchte zu grinsen. Leider ging es nicht. Zu groß war der Druck auf seinem kleinen Herzen. Er drehte sich zu seiner Mutter um. Zum Glück war sie noch da. Weiter hinten spielten die größeren Kinder, schienen sogar recht umgänglich auf den ersten Blick. Er schöpfte Hoffnung. Neben ihm begann ein Junge – ebenfalls ein Novize – zu weinen. Das fand er denn doch nicht in Ordnung. Nein, er würde nicht weinen. Warum auch? Schließlich, das hatte man ihm mehrfach auf schärfstes

Nachfragen versichert, würde man ihn stets wieder abholen. Also gab er sich einen Ruck und ging zwei Schritte von seiner Mutter weg. Sie würde stolz auf ihn sein. Leichter wurde ihm diese heroische Tat gemacht, weil er in einer Ecke eine sehr verlockende Plastik-Eisenbahn entdeckte. Eine, die größer war als seine eigene. Wow! Und als er schließlich die große schwarze Lok in der Hand hatte und sie locker über die Schienen sirren ließ, da verblaßte alles andere um ihn herum. Und er merkte kaum, daß seine Mutter »Tschüs« sagte, so sehr hatte ihn das Eisenbahnfieber gepackt. Er spielte eine Zeitlang, bis ihn schließlich wie ein Blitz die Erkenntnis durchfuhr, daß er ja das Wort »Tschüs« gehört hatte, daß seine Mutter *weg* war. Gehetzt blickte er um sich. Überall Kinder. Keine Mama. Ein dicker Kloß verstopfte seinen Hals. Tränenkanäle füllten sich. Sein Atem ging stoßweise. Frau R. kam auf ihn zu. Sie schien Gedanken lesen zu können. »Keine Angst, Henri«, sagte sie. »Wir spielen jetzt noch ein bißchen, und – schwups – ist deine Mama auch schon wieder da.« Das beruhigte ihn, und er erinnerte sich an das, was er sich so fest vorgenommen hatte. Nein, Henri nicht. Henri würde nicht weinen! Er schluckte ein wenig und drückte die Lok so fest gegen seine Brust, bis es ihm weh tat. Aber es half, und er wartete tapfer. Er wartete, so wie er noch nie auf jemanden gewartet hatte. Auf seine Mama!

Henris Kindergarten-Debüt war für uns alle eine aufregende Sache. Für unseren Sohn, weil er das erste Mal allein unter Gleichaltrigen ohne uns klarkommen mußte. Für seine Eltern, weil wir erstmals lernen mußten, loszulassen. Gesa fiel das natürlich schwerer als mir. Ich war immerhin in der Woche in der Redaktion und kannte die zehnstündige Trennung von meinen Knirpsen. Gesa aber mußte sich jetzt an vier Stunden ohne Henri gewöhnen. Das fand sie einerseits gut, weil sie endlich mehr Zeit für Hannes und vor allem für sich hatte. Andererseits war der Gedanke, daß Henri täglich soviel Zeit ohne uns unter der Aufsicht Fremder verbrachte, sehr ungewohnt. Aber »Fremde« blieben die Erzieherinnen nicht lange. Besonders Frau R. hatte es Henri angetan. Er liebte sie praktisch schon nach zwei Wochen. Sie kümmerte sich rührend um unseren Kleinen, und wir hatten bald das Gefühl, daß er bei ihr perfekt aufgehoben war. Zwei Wochen dauerte es allerdings, bis das Eis gebrochen war. Den ersten Tag hatte Henri tapfer überstanden. Es gab keine Tränen. Aber als Gesa kam, um ihn abzuholen, hat er sie nach ihren Angaben so »doll umarmt und gedrückt« wie noch nie. Das gefiel ihr gut, insbesondere weil das Verhältnis zwischen den beiden wegen Hannes ja etwas belastet war.

Wir waren stolz. Unser Sohn hatte sich als echter Kerl erwiesen. Kindergarten? Abgehakt, glaubten wir und tranken Sekt.

Am nächsten Morgen weigerte sich Henri, dort wieder hinzugehen. Den ersten Tag durchzustehen, das hatte seine ganze Kraft gekostet. Jetzt war er am Ende. Mühsam überredete Gesa ihn, wenigstens erst einmal hinzufahren. Das klappte, doch dort ließ er seine Mutter nicht los. Nach einigem Hin und Her ließ er Gesa dann schließlich unter Tränen gehen. Aber schon nach einer Stunde klingelte das Telefon. »Sie müssen kommen«, sagte Frau R. »Ihr Kleiner ist am Ende.« Gesa fuhr hin und fand Henri im Büro der Kindergartenleiterin. Dort saß er in einem Korbsessel mit einem Kuscheltier im Arm und war zufrieden, weil er vorübergehend einen Schutz- und Ruheraum hatte und weil er wußte, daß seine Mutter bald kam. In den nächsten Tagen wurden zahlreiche Kompromisse geschlossen. Gesa mußte entweder erst ein bißchen bleiben oder versprechen, ihn früher abzuholen. Er durfte eine Zeitlang im Büro der Leiterin kuscheln und wurde geherzt und betätert, was keinen verwunderte. Er war nämlich das jüngste Kind und genoß deshalb eine Vorzugsbehandlung. Nach zehn Tagen war es vollbracht. Henri blieb die ganze Zeit, rannte beim »Abgeben« sofort in den Spieleraum und begann, Freundschaften zu schließen – bezeichnenderweise vor allem mit Mädchen. Die waren ihm lieber, weil sie ruhiger und freundlicher waren. Dauernd erzählte er uns zu Hause, was Gesche und die kleine Afghanin Fereschta wieder Tolles mit ihm gespielt hätten. Die Mädchen nahmen ihn praktisch sofort an Sohnes Statt an. Beim Spazierengehen nahm ihn eine seiner Freundinnen stets bei der Hand, sie banden ihm die Schuhe zu und schlossen seine Jacke. Henri gefiel das verständlicherweise sehr.

Er veränderte sich. Wurde draufgängerischer, gewitzter und lernte, sich durchzusetzen. In Maßen. Er ist immer noch ein vorsichtiger Gesell, aber das Gemeinschaftserlebnis und die Dynamik in einer Gruppe Gleichaltriger wirken wahre Wunder. Frau R. erzählte, daß Henri schon nach kurzer Zeit anfing, mit viel Sinn für das Komische herumzualbern. Er habe es faustdick hinter den Ohren und verstehe es, sich auf die subtile Art durchzusetzen. Ich war stolz. Besonders, daß sein skurriler Humor gewürdigt wurde.

Trotzdem war es immer noch merkwürdig für uns, daß es da einen Bereich gab, den wir nicht kontrollieren und kaum beeinflussen konnten. Wir mußten uns z. B. daran gewöhnen, daß in dem evangelischen Kindergarten morgens gebetet und das eine oder andere christliche Lied gesungen wurde. Aber das schien nichts Verkrampftes oder Doktrinäres zu haben. Und wir waren schwer gerührt, als Henri eines Tages unsere Hände nahm und vor dem Essen mit ernster Miene sagte: »Alles was wir haben, alle guten Gaben kommen, o Gott, von Dir. Wir danken Dir dafür.« Was kann man dagegen haben? Zumal Gesa und ich immer noch Mitglied der Evangelischen Kirche sind und eine Form von schwer zu beschreibendem »undogmatischem Rest-Glauben« pflegen. Kurz: Wir hatten nichts dagegen, daß unser Sohn auf dezente Weise in das Wertesystem der christlich-abendländischen Kultur eingeführt wurde.

Die Erzieherinnen gaben und geben sich wahnsinnige Mühe, die Kinder nicht nur zu beaufsichtigen, sondern auch möglichst viel mit ihnen zu unternehmen. Erst kürzlich haben freitags alle Kinder gemeinsam mit den Erzieherinnen ohne die Eltern im Kindergarten übernachtet. Mit abendlicher Kissenschlacht. Am Sonnabend morgen kamen dann wir Eltern, und es wurde gemeinsam gefrühstückt. Bei dieser Gelegenheit ließen sich dann auch gnädig ein paar Väter blicken. Die interessierten sich ansonsten offensichtlich nicht für diese erste, wichtige Etappe bei der »Abnabelung« ihrer Kinder. Beim ersten Elternabend des Kindergartens, als die Erzieherinnen sich und ihr Programm vorstellten, war ich der einzige Vater. Den anderen schien es egal zu sein, in wessen Obhut ihre Kinder einen Großteil des Tages verbrachten. Bezeichnenderweise wurde ich bei der namentlichen Vorstellung dann auch übergangen. Bevor ich auch nur den Mund aufmachen konnte, ergriff schon die Frau neben mir das Wort, und niemanden schien das zu stören, weder die Erzieherinnen noch die Mütter. Ich galt als Anhängsel meiner Frau und mußte mir am Ende der Runde mit einem leichten Peinlichkeitsgefühl doch noch Gehör verschaffen, um mir nicht wie der letzte Depp vorzukommen. Ich dachte, wir wären schon weiter mit diesen Dingen. Es war mein letzter Elternabend im Kindergarten. Blöd? Ja, sicher, aber ich bin ja auch nur ein Mensch.

»Bitte das Baby regelmäßig auswuchten«
Eine Gebrauchsanweisung

Wir gratulieren Ihnen. Sie haben sich zur Anschaffung eines hochwertigen Exemplars aus der Produktreihe Homo sapiens entschieden. Bitte behandeln Sie den neuen Menschen mit Sorgfalt und Umsicht, und lesen Sie bitte vor Inbetriebnahme genauestens diese Gebrauchsanweisung. Ansonsten kann ein reibungsloses Funktionieren des neu erworbenen Menschen nicht garantiert werden. Wir weisen ausdrücklich darauf hin, daß auf Grund internationaler Bestimmungen ein Rückgabe- oder Umtauschrecht nicht besteht.

1) Inbetriebnahme des Säuglings: Batterien, Netzteile oder ähnliche Energiequellen sind zum Betreiben eines Menschen nicht notwendig. Er läuft ab Werk automatisch und weitgehend wartungsfrei. Im unteren Teil des Kopfes befindet sich eine anfangs noch zahnlose Öffnung, in die allerdings in regelmäßigen Abständen organische Substanzen eingeführt werden müssen. Ein automatischer Mangelmelder sendet einen durchdringenden Warnton, sobald der mit empfindlichen Sensoren bestückte Magen des kleinen Menschen nicht ausreichend versorgt ist. Dieser Warnton ertönt auf Grund system-abhängiger Interferenzen nachts besonders häufig. Dies ändert sich mit fortschreitender Betriebsdauer. Falls nicht, sollte das Baby in einer Werkstatt ausgewuchtet werden.

2) Reinigung des Säuglings: Ablagerungen im unteren Beckenbereich vorn (flüssig) und hinten (eher fest) sind normal und kein Grund zur Besorgnis. Sie sollten mit handelsüblichen Reinigern entfernt werden. Unsachge-mäße und unzureichende Reinigung führt zu Funk-tionsstörungen (siehe auch Garantiebestimmungen) und kann das Auslösen des Warntones zur Folge haben.

3) Inspektionen: Der Hersteller gibt den dringenden Rat, die von den Krankenkassen empfohlenen, regelmäßigen Inspektionen durchzuführen (U1 bis U9). Diese werden in ein Scheckheft eingetragen und dokumentieren die Sorgfalt des Eigentümers.

4) Einstellen der Lach- und Giggelfunktionen: Um das beliebte Giggeln und Lachen bei Ihrem Kind hervorzu-rufen, müssen Sie lediglich im Reflexzonenbereich B1 des kindlichen Fußes sanfte Druck- und Kreisbewegun-gen ausführen und dazu laut und deutlich »kille, kille« rufen. Taktile und akustische Sensoren im Nervensystem des Kindes werden auf diese Reize mit Giggeln und Lachen antworten. Diese Funktion ist allerdings frühestens nach sechs Wochen abrufbar.

5) *Schnellabschaltung des Warntones:* Bei Funktionsstörungen oder Nahrungsmangel erfolgt, wie oben erwähnt, ein durchdringender Warnton aus dem Tonkopf des Säuglings. Zur Schnellabschaltung reicht es meist, dem Kind einen speziell geformten Weichgumminoppen (Schnuller) oder ein Fläschchen zuzuführen (siehe auch Zubehör).

6) *Einstellen der Timer-Funktion:* In den ersten Jahren kommt es regelmäßig zu systemimmanenten Schwankungen innerhalb der Tages- und Nachtfunktionen des Kindes (diffuse Timer-Funktion). Gelegentlich führen übermäßig ausgedehnte Schlafphasen während des Tages zu lästigen, sogenannten »Knackwach«-Zuständen in der Nacht. Um den Timer des Kindes richtig einzustellen, sollte streng auf Mittagsschlaf (nicht unter eineinhalb, nicht über drei Stunden), ausreichende Verdunkelung des Schlafzimmers im Sommer und klare Zubettgeh-Zeiten geachtet werden. Die Timer-Funktion reguliert sich dann von selbst. Ab Werk ist das Kind auf eine Zubettgeh-Zeit von 19 bis 19.30 Uhr eingestellt. Ausnahme: die italienische Produktlinie. Hier aktiviert sich die Schlaffunktion erst, wenn auch die Eltern ins Bett gehen (mediterranes Party-Modell).

7) Gleichlaufschwankungen: Sollten Gleichlaufschwankungen auftreten, die sich meist durch heftiges Stolpern äußern, muß die Bereifung des Kindes von einem Fachmann überprüft werden.

8) Betrieb außer Haus: Es wird ausdrücklich darauf hingewiesen, daß der Betrieb von Säuglingen und Kleinkindern in Restaurants und Intercontinental-Flugzeugen nicht zu empfehlen ist.

9) Kommunikation: Ab Werk verfügt das Kind über die etwa nach zwei Jahren abrufbaren Kommunikations-Fragmente »Will nich«, »Neiiiiiiin«, »Hunger«, »Windel voll« und »Alle wach«. Andere kommunikative Elemente (»Will haben«, »Papa doof«, »Mama Durst«) kommen nach und nach automatisch hinzu.

10) Scharfstellen: Mit etwa fünfzehn Jahren kommt es zu einer systembedingten Veränderung des kindlichen Hormonhaushaltes. Körperbehaarung und primäre sowie sekundäre Geschlechtsorgane verändern sich. Das halberwachsene Kind ist jetzt »scharfgestellt« und sollte mit äußerster Vorsicht behandelt und nicht ohne Aufsicht mit ebenfalls »scharfgestellten« Exemplaren des anderen Geschlechts konfrontiert werden (siehe auch Haftungsbedingungen).

Nächte des Grauens
Von Phantomschmerz und blauen Bussen

Im Ehebett. »Gute Nacht, Schatz.« »Nacht!« Stille. Langsames Hineindämmern in den Schlaf. »Uäääh!« »Das ist Hannes«, sagt Gesa. Ich stelle mich tot. Lauerndes Abwarten. Wer geht? Wer verläßt das warme, gemütliche Bett? »Uäääh. Uäääh!« Das Schreien erreicht Phase zwei. Die, bei der einem jeder Ton vom Kopf bis in die Füße fährt. Wie elektrischer Strom. Phase drei wäre dann die Dauerdröhnung: laut, durchdringend, hysterisch. Henri würde davon wach werden, verstört im Bett sitzen und fragen: »Was hat die Hannes?« Dann würde ein Elternteil den sogenannten »beidseitigen Tröstberger« springen müssen. Hannes tätscheln und »Is ja gut« murmeln, gleichzeitig den Älteren mit den Worten »Alles okay« aufs Kissen zurückdrücken, seine Spieluhr anreißen, um sodann den Schnuller des Jüngeren richtig herum in dessen schreiendes Maul zu drücken. Falls dieser auffindbar ist.

Nein, zu Phase drei soll es heute nicht kommen, nur weil wir uns mal wieder nicht einig werden können, wer sich hochwälzt. Fluchend stehe ich also auf, erreiche Hannes und sage mit ernster Stimme: »Hannes, halt jetzt die Klappe. Das geht jetzt schon seit zwei Wochen so. Jedesmal, wenn wir gerade eingeschlafen sind, fängst du an zu brüllen. Hier ist dein Schnuller. Nimm hin den feuchten Gummidödel und schweig. Heute gewinnst du nicht. Du bleibst in deinem Bett. Wir in unserem, du in deinem. Schluß. Aus. Die Besucherritze ist tabu.«

Ich schweige erschöpft, nehme Hannes auf den Arm und trage ihn zu uns ins Bett. »Ich bin ja so stolz auf dich«, sagt Gesa. »Du warst so überzeugend. So eindringlich.« Dann nimmt sie mir Hannes ab, legt ihn neben sich, und sofort – wie abgeschaltet – schweigt der Wurm. Er hat seinen Willen bekommen. Mir bleiben etwa zehn Zentimeter zwischen der Wand und Hannes' gefürchtetem Schwingarm, der nächtens wie ein Dreschflegel auf einen niederfährt, um dann sackartig auf dem Gesicht des benachbarten Opfers liegenzubleiben.

Meist flüchte ich in ein Notbett ins Kinderzimmer. Oft geht das gut. Dann schlafe ich sogar ein paar Stunden. Aber manchmal beginnt ein anderes Spiel. Dann wird nämlich der Große wach. Warum? Fragen Sie mich nicht. Er ist jetzt schon fünf. Aber er wird einfach wach, schluchzt leise in sich hinein und jammert: »Wo ist mein blauer Bus?« Ja, was sagt man da? Zur Verfügung stünden:

1) »Dein blauer Bus ist unten im Spielzimmer. Jetzt ist es 24 Uhr. Und es wird weitergeschlafen, und damit basta.«

2) »Dein verdammter Bus ist unten. Und wenn du nicht aufhörst zu jammern, schmeiß' ich ihn weg.«

3) (die am häufigsten gewählte Möglichkeit) »Is' ja gut. Papa holt deinen Bus.« Papa torkelt Treppe hinunter, tritt mit nackten Füßen auf vagabundierende scharfkantige Legosteine, entdeckt den Bus, erreicht humpelnd endlich das Bett und findet seinen Ältesten längst wieder schlafend vor. Ja, und da steht man dann mit einem blauen Bus und fragt sich, ob man sie eigentlich noch alle beisammen hat.

Eine andere Variante, Eltern systematisch zu zermürben, ist der sogenannte Phantomschmerz. Das läuft so: Henri erwacht, schreit auf und wimmert anschließend leise. In Sekunden haben sich beide Eltern an sein Bett »gebeamt«. »Was ist denn, mein Kleiner?« – »Mein Fuß tut weh!« – »Laß mal sehen. Mmmh, ich sehe da gar nix.« – »Nein, der andere hat Weh.« – »Moment, eben hast du doch diesen Fuß hochgehoben.«

So geht das dann eine ganze Zeit, bis wir nach einigen Diskussionen und sanftem Tätscheln unverrichteter Dinge wieder ins Bett gehen und Henri weiterschläft. Ha, ich weiß, jetzt werden Sie denken: Was für Ignoranten! Dem armen Kind könnte doch der Fuß eingeschlafen sein. Ein Krampf könnte den Kleinen gepeinigt haben. Jaaaa, das dachte ich auch. Und vielleicht war ihm das eine oder andere Mal die kleine Mauke auch eingeschlafen. Aber ansonsten, behaupte ich, war es terroristisch motivierter Phantomschmerz. Denn: Der Fuß ist nur eine von zahllosen Schmerz-Varianten. Es gibt da noch ein paar Klassiker wie Bauchweh und Halsweh. Überzeugend! Wir reichten Tee und Wickel. Aber was zum Teufel ist »Haarweh«? Wer hat schon mal was von »Beinweh« und »Kinnweh« gehört? Diese Phantom-schmerz-Varianten dienen einzig und allein dem Zweck, sich Zuwendung zu erschleichen. Vielleicht hatte der

kleine Mann geträumt. Das hätte man verstanden und entsprechend reagiert (»Nein, Henri, Trecker fahren nicht durch dein Bett«). Aber weil er eben noch nicht ge-nau wußte, was Träumen ist, benutzte Henri die Spit-zenmethode mit dem Phantomschmerz, um sich trösten zu lassen. Der betreffende Körperteil mußte nämlich im-mer nur kurz »gedreichelt« werden, dann war auch bald wieder alles gut. Wir »dreichelten« also stets munter drauflos und therapierten so das »Fingerweh« usw.

Zum Thema »eingeschlafene Füße« muß ich noch etwas nachtragen. Wir wußten schnell, wann ihm *die* nächtens *nicht* eingeschlafen waren. Ganz einfach, weil Henri dieses Phänomen anders bezeichnet. Einmal nämlich saß er etwa eine halbe Stunde auf der Toilette. Die gummibestiefelten Füße baumelten herunter. Schließlich rief er um Hilfe und behauptete, er habe »Sand in den Stiefeln«. »Sand, der da so runterläuft.« Wir zogen ihm die Schuhe aus. Kein Sand, kein Steinchen. Nichts. Bis wir nach einigem Hin und Her schließlich merkten, daß er uns lediglich mit diesem anschaulichen Vergleich klarmachen wollte, daß ihm die Füße eingeschlafen waren.

Die gemeinste, perfideste und ekligste Methode zur Zertrümmerung elterlicher Nachtruhe ist jedoch das gefürchtete Ins-Bett-Pinkeln. Es ist die lautlose, guerillaartige Variante, die seitens des Kindes keine bewußte Interaktion erfordert. Einfach nur das leichte Entspannen eines Schließmuskels im Blasenbereich (falls man das so nennt), und schon ist die Bescherung da.

Das Kind meldet sich in diesem Fall kurz nach dem Einnässen durch leises Wimmern, schläft aber meist, sich unruhig wälzend, weiter. Der betroffene Elternteil nähert sich dem Bett. Sieht auf den ersten Blick nichts Verdächtiges, ahnt jedoch, was kommt. Ein Griff unter die Decke – und alles ist klar: naß, nässer, ein urinöses Inferno. Man hatte zunächst noch gehofft, nach kurzem Trösten wieder in komatösen Schlaf zurückfallen zu können. Aber jetzt heißt es: Kind aus dem nassen Schlafanzug schälen, irgendwo zwischenlagern. Das Bett neu beziehen. Das Kind reinigen und trocknen. Es wieder anziehen und in den Schlaf schunkeln. Anschließend sitzt man dann morgens gegen drei knackwach am Kinderbett. Und ist fertig mit den Nerven – aber nicht böse. Denn wenn Henri damals (heute näßt er nicht mehr) nackt und frierend darauf wartete, daß ich ihm den frischen Schlafanzug anzog, und sich dann dankbar in meine Arme kuschelte, dann, na, dann konnte ich mich eben trotzdem nur freuen über meinen fiesen Nachtwächterjob. Mein Freund Meck behauptete übrigens einmal, wir wären doch selber schuld, daß Henri gelegentlich das Bett nässe. Da wir seine Wehwehchen nicht ernst nähmen und gemeinerweise vom Phantomschmerz sprächen, greife das Kind auf eine gerade sehr populäre Heilmethode zurück: die Eigenurin-Behandlung!

Der Tag des Schreckens
Ein Kindergeburtstag

»Henri wird vier. Wir feiern heute Kindergeburtstag«, sagte ich zu Berthold, einem Theologen. Der erbleichte, schlug ein Kreuz und sagte: »Möge der Herr mit euch sein. Nicht jeder wird so geprüft.« Dann blickte er furchtsam in Richtung Straße und fragte mit leiser Stimme: »Wann kommen sie?« »Na, bald«, ant-

wortete ich. »Es geht praktisch gleich los.« Berthold verabschiedete sich hastig, strich mir sanft über die Stirn und eilte davon. Kopfschüttelnd ging ich wieder ins Haus. Drinnen hatten wir alles wunderbar vorbereitet. Kuchen, Saft, Luftschlangen, Luftballons, Kekse, Saurier, Monstermasken, Gummiäxte, Wasserpistolen … na, was man eben alles so bereithält für eine zünftige Kinderparty. Alles war gut. Gesa und Henri bester Laune.

Dennoch ging mir Bertholds seltsame Reaktion nicht aus dem Kopf. Und auf einmal spürte auch ich die seltsame Stimmung. Es lag etwas in der Luft. Eine seltsame Stille. Kein Windhauch. Selbst die Vögel schwiegen. Und dann hörte ich sie … Erst war es nur ein fernes Grollen. Dann schwoll es an und wurde zu einer gewaltigen Kakophonie aus Schreien, Keuchen, Husten, Würgen und grellem Lachen. Und schließlich sah ich sie um die Ecke biegen: Henris Geburtstagsgäste. Sieben Kinder, mühsam bewacht von je einem Elternteil, stürmten auf mich zu. Sie brachen ins Haus. Laut, enthemmt, gierig, wie wilde Tiere. Verlangten nach Atzung, forderten wildes Spiel und derbe Scherze.

Sie sollten sie bekommen!

Ich setzte meine Fossi-Bär-Maske auf und brüllte mit theatralisch verstellter Stimme: »Wer von euch kleinen Rauhbeinen will denn Kuchen und Saft? Hier in Henris Spielzimmer findet ihr …« Sie rannten mich nieder und stürzten sich aufs Essen. Der vollen Mäuler wegen war es plötzlich viel stiller. Nur lautes Schmatzen und Kauen drang aus dem Raum. Henri war ganz Gastgeber. »Wissu noch Kuchen?« fragte er seine Freundin Cornelia, kaum daß sie ein Stück zur Hälfte aufgegessen hatte. Ansonsten stand er eher etwas unschlüssig im Raum herum und harrte der Dinge, die da kommen sollten. Ab und zu riskierte er einen scheu-ängstlichen Blick auf sein Spielzeug. Er wußte: Heute galt die Regel »Damit spielt keiner außer mir« nicht. Er mußte erdulden, daß in Kürze fremde Hände seine Holzeisenbahn berühren würden. Feuchte Hände, voller Kuchenreste und klebrig vom Saft. Und so geschah es. Als erstes wurde die Streckenführung der Eisenbahn brutal geändert. Dann sein Spielzeugherd zu einem Raumschiff erklärt. Dann seine Ernie- und Bert-Puppen kopfüber in eine Holzkiste gesteckt. Und sein Malkasten ausgekippt. Und sein Eisenbahnposter links unten eingerissen. Henri hielt sich tapfer, aber wir sahen die Tränen kommen. Als Barnie, den ich im stillen immer den »Geröllheimer« nannte, zu allem Überfluß noch schrie: »Henri, deine Lok ist putt!«, brach der Damm. Schluchzend warf sich mein Sohn in meine Arme und weinte bitterlich.

Jetzt mußte gehandelt werden. Ich lockte die gesetzlosen Halbwüchsigen mit der Ankündigung, »jetzt was ganz Tolles« spielen zu wollen, aus dem Zimmer. Erwartungsfroh standen sie um mich herum. Mit verschmierten Mäulern. Ihre Hände öffneten und schlossen sich zwanghaft – wie bei den Zombies in Horrorfilmen. »Topfschlagen«, rief ich mit gespielter Heiterkeit. »Wem soll ich zuerst die Augen verbinden?« Der Geröllheimer trat entschlossen auf mich zu. Meine Frau hatte sich bislang weiträumig rausgehalten, allerdings weitgehend für das »Catering« gesorgt. Mein tödlicher Blick sorgte dann dafür, daß sie mir endlich bei der Raubtierbändigung zur Hand ging. Topfschlagen also war angesagt. Barnie ließ sich widerstandslos die Sicht rauben. Wir drehten ihn ein paarmal um sich selbst und drückten ihm den Kochlöffel in die Hand. Umgehend drosch er auf alles ein, was vor und neben ihm lag und stand: Lautsprecherboxen, Kinder, die nicht rechtzeitig flüchten konnten, sowie mein rechtes Knie. »Heiß, ganz heiß, Barnie«, rief Gesa.

Der riß sich daraufhin das Tuch vom Gesicht, warf den Topf um und brüllte: »Sauber, ein Auto.« Anschließend prügelten sich alle anderen, wer als nächster drankommen sollte. Ich legte die Reihenfolge per Dekret fest. Henri war verschwunden. Er hatte inzwischen den größten Teil seines Lieblingsspielzeugs versteckt und saß apathisch in seinem Zimmer.

»Jetzt kommt der Kasper«, rief ich und lockte die Brut in einen Nebenraum. Dort hatte ich bereits mit Hilfe von zwei Stühlen und einer Decke ein kleines Theater aufgebaut. Ich hockte mich dahinter und begann mit meiner Vorstellung. Erwartungsfroh und – ich staunte – sogar still warteten die Kleinen auf die Vorstellung. »Seid ihr alle da?« Gellend tönte mir ein vielstimmiges »Jaaaaaa!« entgegen. Und dann ging mir der Stoff aus. Ich hatte zu sehr auf meine Spontaneität gesetzt. Nach ein paar hilflosen Versuchen, einen Handlungsfaden zu spinnen, riß der Geröllheimer den Vorhang nieder und brüllte: »Jetzt will Barnie!« Ich ließ ihn gewähren, und der kleine Teufel zauberte ein dermaßen bestechend komisches Anarcho-Stück aus dem beschmierten Ärmel, daß ich devot in der Ecke hockte und schwieg. Die Handlung ist schnell erzählt: Der Kasper schlug nacheinander allen anderen Puppen mit einem Schneebesen auf den Kopf und schrie: »Ihr seid alle tot!«

Dann spielten wir »Die Reise nach Jerusalem«. Sie kennen das, nicht wahr? Die Kinder rennen um einen Kreis von Stühlen, solange die Musik läuft. Es ist immer ein Stuhl zu wenig da, und wenn die Musik stoppt, müssen sich alle schnell hinsetzen. Schon nach der ersten Runde bekam Verlierer Nummer eins einen hysterischen Anfall und schlug auf mich ein.

Dann gab es Abendbrot. Gesa hatte liebevoll kleine Pizzen mit Gesichtern aus Gemüse gebacken. Die mochten die Kinder aber nicht, sondern aßen ausschließlich Salzstangen. Henri aß gar nicht.

Anschließend versuchte ich zu zaubern. Das, so hatte man mir versichert, sorge stets für gebannte Aufmerksamkeit. Barnie aber kannte alle Tricks und verriet mich!

Dann war der Geburtstag zu Ende. Die Eltern kamen wieder, steckten die entfesselte Brut in die Mäntel, und wie ein Spuk war plötzlich alles vorbei. Stille war wieder eingekehrt. Plötzlich klingelte es. Entsetzen stand in unseren Augen. Sollte eines der Monster zurückgekehrt sein, um uns den Rest zu geben? Aber zum Glück war es Gesas Mutter, die Hannes zurückbrachte. Der spürte so-

fort, daß etwas passiert war. Liebevoll kauerte er sich vor seinen Bruder und sabberte teilnahmsvoll auf dessen Puschen. Wir waren alle fertig. Henri ganz besonders. Denn er bemerkte zu allem Überfluß, daß eines der Kinder sein Geschenk wieder mitgenommen hatte.

»Mehr Matsche, Papa!«
Urlaub am Strand

Das Wasser staut sich. Gewaltige Mengen haben sich an der Sperre angesammelt. Der Damm droht zu brechen. Eine Katastrophe! Die Sicherheitskräfte arbeiten fieberhaft. Speichel tropft aus ihren Mündern. Schweiß rinnt ihnen in die speckigen Nacken. Mit bloßen Händen greifen sie in den zähen Schlamm, schichten ihn zu Barrieren auf. Doch die Wucht der Elemente macht ihre verzweifelten Versuche immer wieder zunichte. Zwar sickert das Wasser bisher nur. Aber der große Durchbruch, das Inferno, steht kurz bevor. »Ich brauch' mehr Matsche«, schreit Henri und hebt hilflos seine Schaufel. Er ist am Ende. »Ich komme«, brülle ich, stolpere über Hannes und schlage lang hin. Dann bricht der Damm. Nordseewasser ergießt sich in einer gigantischen Flutwelle mitten in unsere sorgsam errichtete Sandburg. Wände stürzen ein. Lego-Boote kentern. Hannes lacht, Henri tobt. Männer wie von Sinnen! Ach, ist das schön. Buddeln am Strand.

Wir befanden uns in einem unserer regelmäßigen Urlaube auf den kinderfreundlichen nordfriesischen Inseln. Diesmal war Föhr dran. Hannes war ein Jahr und sieben Monate, Henri vier Jahre alt. Und ich mußte mit ihnen buddeln. Tag für Tag. Gesa tätschelte jeden Morgen meine leicht geröteten Geheimratsecken und flötete: »Du hast da doch sicherlich viel mehr Spaß dran, und außerdem wollen sie ja nur dich hier im Schlick.« Dann schlenderte sie wieder zum Strandkorb. Sie las, ich buddelte. Mit Henris frischgebackenen Freunden und vielen anderen Vätern, die ebenfalls ins Watt abkommandiert worden waren. Die Kinder waren stets schwer begeistert. Sie kannten keine Ruhepausen, spürten keinen Hunger, froren nicht. Fest umklammerten sie ihre kleinen Schaufeln und bellten heiser ihre harschen Kommandos: »Hier tiefer, Papa.« – »Mehr Wasser!« – »Weg mit dem Damm!« Ja, und nach und nach infizierten wir »Papas« uns. Vergaßen Raum und Zeit und buddelten uns verbissen durchs Watt. Wir schufen ausgeklügelte Kanalsysteme, unterirdische Flüsse, muschelgeschmückte Burgen und gigantische Hafenbecken. Blasen schmerzten. Schaufeln brachen. Egal. Man half sich aus, kaufte schon am nächsten Morgen ein robusteres Exemplar (»Modell Schliemann«) und rang der See erneut mühsam jeden Quadratzentimeter Land ab.

Manchmal reichte es mir dann aber doch. Schließlich waren wir ja im Urlaub. Und das hat ja auch, so erinnerte ich mich dunkel, was mit Ruhe und Entspannung zu tun. Aber kaum hatte ich sehnsüchtig zu unserem Strandkorb geblickt, da mußte ich auch schon Hannes aus einem Wassergraben ziehen oder Henri aus einer Prügelei um eine Wasserpistole zerren.

In den wenigen, erschöpfungsbedingten Ruhepausen löcherte er mich dann mit Fragen. »Papaaaa?« – »Ja, mein

Sohn.« – »Hat die Nordsee einen Stöpsel?« – »Nein, das Meer ist doch keine Badewanne.« – »Ja, aber wer läßt dann immer dauernd das Wasser raus?« Ja, da war ich gekniffen. Denn die Ursache für die Gezeiten habe ich, ehrlich gesagt, bis heute nicht im Detail begriffen. Aber die Erklärung, »daß die Ebbe das Wasser wegholt und die Flut es wiederbringt«, reichte Henri erst einmal. Wenn ihm zu wenig Wasser da war, fragte er sofort ungeduldig: »Wo ist die Flute bloß?«

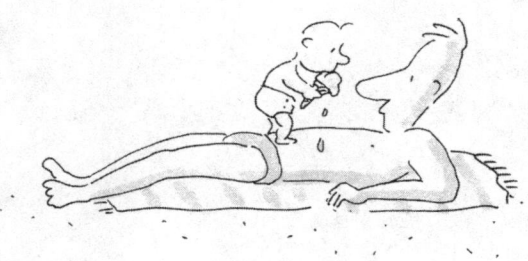

Hannes konnte zu dieser Zeit noch nicht sprechen, aber er war augenscheinlich schwer begeistert vom Wattenmeer und suhlte sich im Schlamm wie ein kleines Ferkel. Ärger gab es nur, wenn er sich wieder einmal grunzend und kieksend in eine unserer Hafenkonstruktionen fallen ließ und so für Katastrophen sorgte. Er war wegen dieser rüden Attacken bei einigen Kindern nicht sehr beliebt. Wir Väter hingegen schätzten sein überfallartiges Auftauchen als zusätzliche Herausforderung an die Standfestigkeit unserer Bauten. Schließlich setzte sich die Bezeichnung »Hannes-resistenter Damm« durch.

Wir machten auch ausgedehnte Fahrradtouren. Die Kinder saßen dann hinten gemütlich in ihren Sitzen, und wir kämpften strampelnd gegen den Wind an, der auf den nordfriesischen Inseln – einem unheimlichen Gesetz folgend – immer aus der Richtung bläst, in die man gerade fahren will. Es ist ein meteorologisches Wunder. Selbst wenn man sich blitzschnell umdreht und in die entgegengesetzte Richtung fährt: Man hat sofort Gegenwind.

Henri hat der starke Wind immer sehr genervt. Er beschwerte sich dann lauthals über »zuviel Luft«. Hannes blieb eher cool. Er schlief auf den Fahrradtouren regelmäßig ein und hing dann, seitlich weggeknickt, in seinem Kindersitz und schnarchte. Das sah aus wie die Verwundeten-Transporte in den alten Western-Filmen. Wir machten bei diesen Touren regelmäßig Rast in einer der wunderschönen Teestuben, die es zahlreich auf den In-

seln gibt, und erfreuten unsere Mitmenschen mit ener-
vierendem Gebrüll, was eigentlich die Kinder davon ab-
halten sollte, das Geschirr zu zerschlagen, die Tisch-
decken herunterzureißen und auf den Tischen herumzu-
kriechen.

So wunderbar ich Urlaub mit Kindern finde – das Essen-
gehen mit ihnen ist fast immer eine Katastrophe. Henri
war ja schon einigermaßen vernünftig. Aber Hannes mit
seiner Rocker-Attitüde ließ uns keinen ruhigen Bissen
runterbringen. Solange er Appetit und etwas Eßbares vor
sich hatte, ging es. Dann schaufelte er seine Spaghetti
mit Inbrunst in sich hinein und gab Ruhe. Aber es war
die sprichwörtliche, die vor dem Sturm. Irgendwann
grapschte er gierig nach unseren Sachen, riß seinem Bruder Essensbrocken vom Teller und protestierte laut,
wenn er an solchen Ausfällen gehindert wurde. Dann
mußte man ihn mit deutlichen Worten zur Ruhe mah-
nen. Dies führte zu sofortiger Flucht. Hannes wand sich
aus seinem Kindersitz, ließ sich zu Boden fallen und fing
an, gackernd durchs Lokal zu rennen. Dann hielt es auch
Henri nicht mehr, und ich rannte dann ebenfalls, gequält
grinsend und unterdrückt fluchend, durchs Lokal und
versuchte die beiden kichernden Rauhbeine wieder ein-
zufangen. Nein, war das immer peinlich! Ganz zu
schweigen vom Zustand unseres Tisches und der direkten Umgebung nach dem Essen. Ich kroch dann oft mit
Gesa unterm Tisch herum und klaubte Essensreste auf.
Mit anderen Worten: Ein Restaurantbesuch mit kleinen
Kindern ist nichts anderes als ein Härtetest, für den man
vor allem drei Dinge braucht – starke Nerven, viele Pa-

piertaschentücher und Immunität gegenüber bösen Blicken von den Nachbartischen.

Wir ließen es irgendwann nahezu ganz sein, und das störte mich sehr. Denn, wie einer meiner Freunde, der in

diesem Zusammenhang nicht genannt werden will, in verwerflicher, aber treffender Weise formuliert: »Urlaub, das heißt für mich, sich jeden Abend den Wanst vollzuschlagen und anschließend vorsätzlichen Alkoholmißbrauch zu treiben.« Ich lehne diese grobe und primitive Sichtweise offiziell selbstverständlich ab, gebe aber zu, daß ich ihr dennoch in modifizierter Form anhänge. Ein gutes Essen, ein wunderbarer Wein, und das alles in einem tollen Restaurant, vielleicht sogar mit Blick aufs Meer – das muß man doch eigentlich haben im Urlaub. Hatten wir aber während bestimmter Altersphasen unserer Kinder nicht. Das war blöd. Das hat genervt. Aber man steckte es weg und kochte sich was Gutes in der Ferienwohnung.

Morgens weckten uns unsere Söhne regelmäßig zwischen sechs und sieben Uhr. Einer von uns warf ihnen dann mit halb geschlossenen Augen Kinder-Kassetten, Knäckebrot und Bücher in die Betten, so daß wir noch bis acht Uhr dösen konnten. Dann torkelte ich meist mit Henri zum Bäcker und holte Brötchen. Und wen traf ich da? Unzählige andere unrasierte Väter mit verlegenen Haa-

ren und mopsfidelen Kindern an der Hand. Ich fand es schon fast peinlich, wie klischeehaft das überall ablief. »Muttern« machte das Frühstück, und »Vatti« ging Brötchen holen.

Wenn die Kinder schliefen, schrieben wir gern Urlaubskarten. Meine Spezialität sind vollkommen unsinnige Karten mit zudem explizit häßlichen Fotos. Denn, mal ehrlich: Wer will denn zu Hause wirklich wissen, wie das Wetter ist und was die Urlauber alles unternommen haben? Viel schöner ist es doch, durch ein paar knackige Scherze unterhalten zu werden. Von Föhr schrieben wir an Gesas Schwester Britta und Familie:

»Hallo, Ihr Lieben. Gestern wollten wir mit unserem Strandkorb einkaufen gehen. Wir blieben aber bei Aldi in der Tür hängen und wurden festgenommen. Kester wurde zu einer Tonne Krabbenpulen verurteilt, konnte aber nach einem Tag mit einer Kurtaxe fliehen. Wir gucken auch viel Kabeljau-TV. Aber der Empfang ist sehr schlecht. Zuviel Stör hier. Kraftwerke gibt es auf Föhr nicht. Watt ist umsonst. Beste Grüße …«

Na ja, nicht die Speerspitze des internationalen Humors, aber solche Karten kamen immer recht gut an.

Nach und nach fand ich Gefallen an unseren eher beschaulichen Urlauben. Sie waren unspektakulär, aber sehr gemütlich. Ich genoß (meist) das intensive Zusammensein mit den Kindern. Und wenn ich mich mal langweilte, dann erinnerte ich mich an die Urlaubskatastrophen Kinderloser. Wie zum Beispiel die von Joachim und Hanne, die ich hier wegen ihres Unterhaltungswertes unbedingt erzählen muß.

Hanne hatte während eines Thailand-Urlaubes in Bangkok in einer der zahlreichen Schneidereien ein wunderschönes maßgeschneidertes Kleid in Auftrag gegeben. Abzuholen in drei Wochen am Ende der Thailandreise. Eine satte Anzahlung war natürlich zu leisten. Klare Sache.

Drei Wochen später kam Joachim mißgelaunt in die Schneiderei, zahlte den Rest, griff sich wortlos das schöne Stück und hetzte ins Hotel zurück. Dort erbrach sich gerade Hanne zum etwa zehnten Mal an diesem Tag. »Iß kein ungewaschenes Obst. Trinke kein Leitungswasser«, hatten Asienfahrer geraten. Ach, herrje. Man fühlte sich so gut. Urlaub fast vorbei. Was soll da schon groß passieren? Brechdurchfall zum Beispiel. Amöbenruhr. Oder andere leckere, kleine Tuberkel. Hanne wurde im Krankenwagen zum Flughafen gefahren. Zu Hause brauchte sie noch zwei Wochen, um wieder auf die Beine zu kommen. Das Kleid paßte nicht.

Ich liebe solche Geschichten. Auch die von Ulf. Der hatte sich nach zwei Jahren härtester Arbeit als Selbständiger einen Skiurlaub gegönnt. Ulf war lange nicht Ski gefahren. Sehr lange. »Uuuulf, nein, nicht geradeaus. Ulf, neiiiin!« – »Trümmerfraktur des Unterschenkels«, kicherte der Arzt. Ulf war zu diesem Zeitpunkt sechs Stunden an seinem Urlaubsort. »Der Mann, den sie Gips nannten.« So scherzten wir noch Wochen nach Ulfs jämmerlicher Rückkehr.

An eben diese Geschichten dachte ich also immer, wenn ich während unserer Familienurlaube mal etwas gefrustet war. Aber schließlich und endlich brauchte ich noch nicht einmal mehr solch tröstende Schadenfreude, um mich vorbehaltlos zum Urlaub mit Kindern zu bekennen. Sollten die anderen doch mit Romanen am Strand liegen und abends dick essen gehen. Das mag nett sein, und später werden wir das auch wieder machen. Aber jetzt genieße ich es eben, wenn zwei feuchte, sandige Knaben mit uns im Strandkorb hocken, mit wichtiger Miene Käsebrötchen mampfen, um dann wieder eilig ins Watt zu düsen. Nicht allein, versteht sich. Papa muß mit – falls »die Flute« kommt.

Wahlverwandtschaften
Menschen am Strand

Man kann sich seine Freunde und Bekannten aussuchen. Richtig, nicht wahr? Dachten wir auch. Aber wenn man Kinder hat, sieht das etwas anders aus. Im Urlaub zum Beispiel kriechen sie gern zum benachbarten Strandkorb, weil da auch Kinder sind. Dann spielen sie mit den heranwachsenden Fremdlingen. Mal hier, mal dort. Elternteile schauen mal nach dem Rechten, und – schwups – hat man eine Urlaubsbekanntschaft. Und meist sind es die Leute, über die man gerade noch vor fünf Minuten herzlich gelästert hat (»Guck mal die da vorn, die sehen ja aus wie aus einer Karikatur. Nein, jetzt sieh dir doch mal diesen Badeanzug an. Modell ›Arschbackenfrei‹. Und diese Frisur, waffenscheinpflichtig!«).

Aber was machen Sie, wenn Ihre Kinder mit dem Nachwuchs der lebenden Karikaturen plötzlich fraternisieren? Nun, ja, gute Miene zum bösen Spiel. Irgendwann müssen Sie die heftig grinsenden Eltern der neuen Spielkameraden ja schließlich zur Kenntnis nehmen. Spätestens, wenn diese in eindeutiger Absicht auf Ihren Strandkorb zusteuern. Es gibt dann zähe Gespräche und recht schnell kumpelhafte Einladungen. »Kommen Sie doch mal vorbei. Wir wohnen Block sechs, gleich an der Mole.« – »Ja, gern, mal sehen. Wir haben unser Quartier allerdings etwas abseits und kommen eher selten hierher ... äh, und eigentlich reisen wir auch morgen ab ...« Hilflose, gestammelte Ausflüchte. Denn es nützt ja doch nix. Man kann den »anderen« nicht entkommen. Denn Leute, die man nicht treffen will, lauern immer am schönsten Strand. Und da will man auch hin. Also – Augen zu und durch. Irgendwann gewöhnt man sich schon an den »Arschbackenfreien« samt Gattin. Und überhaupt: Wer wird denn da so dünkelhaft sein? Ich bin sicherlich auch nicht jedermanns Sache. Weiß wie die Wand. Hager bis dünn. Ich schwimme ungern, kriege schon beim Betrachten einer Sonnenblume im Winter einen Sonnenbrand und fluche dauernd, weil ich wieder mal die falschen Bücher mit in den Urlaub genommen habe. Es ist mir ein Rätsel, daß mich überhaupt einer anspricht, wenn ich mißmutig vor meinem Strandkorb hocke.

Aber wir wollen nicht ungerecht sein. Die Kinder haben sich im Urlaub schon echt tolle Leute ausgeguckt. Richtig nette Typen. Erst neulich auf Sylt. Da spielten sie mit einem kleinen Mädchen stillvergnügt im Sand. Die Eltern saßen entspannt in ihrem Strandkorb und lasen. Ja, und einmal, da mußte ich Hannes vor einer Wespe retten. Und dann stand ich ganz nahe bei den Eltern des Mädchens am Strandkorb. Und ich wollte eben freundlich sein, weil die Kinder ja so schön zusammen spielten und so. Kurz: Ich ging lächelnd auf den Strandkorb zu – und sah in zwei gequält lächelnde Gesichter. Sie sahen aus wie unsere, als sich seinerzeit die »Arschbacke« näherte.

Schietern und pieseln
Über die Sauberkeitserziehung

Warnung: In diesem Kapitel geht es um Fäkalien. Wenn Sie sich leicht ekeln oder Gossensprache hassen, dann überblättern Sie es besser. Anderenfalls werden Sie Ihren Spaß haben.

Nackte Kinder rangeln im Bett. Toben, Kreischen. Dann plötzlich Stille. Henri inspiziert Hannes' Hintern. »Kommt da die Kacki raus, Papa?« – »Ja, mein Sohn.« – »Viel?« – »Kommt ganz drauf an.« – »Kackt Frau Müller aus'm Kindergarten auch?« – »Henri, wir wollten doch nicht mehr kacken sagen. Wir sagen jetzt ›schietern‹.« – »Schietert Frau Müller auch?« – »Ja, Henri, jeder Mensch schietert.« Henri schweigt versonnen. Und auch ich hänge an diesem lauen Sommerabend meinen Gedanken nach. Achtzig Millionen Deutsche, tagtäglich schieternd. Eine gewaltige Aufgabe für die Klärwerke! Alle Achtung. Ein zufällig vorbeikommender Spaziergänger hätte durchs Fenster eine klassische Szene gesehen: Vater streicht Sohn zärtlich über den Kopf und erklärt ihm in ruhigen Worten die Welt. Wer will behaupten, die komplexe Schieter-Problematik gehöre nicht dazu? Wir hatten uns übrigens entschieden, das Wort »schietern« zu benutzen, weil man uns mehrfach gerügt hatte, daß »Kacki machen« ordinär klänge. Das plattdütsch-knackige »schietern« benutzen unsere Freunde Willi und Nicola, und das gefiel uns ganz gut.

Es ist wirklich blöd, wie schwer man sich tut, für so alltägliche Dinge den passenden Ausdruck zu finden. Der Duden hatte uns auch nicht weitergeholfen. Der bot neben dem lateinischen »defäkieren« u.a. noch »Stuhl haben«, »koten«, »sich entleeren«, »groß machen«, »Aa machen« (mit dem Zusatz »Kindersprache«), »abprotzen (derb)«, »ein Ei legen (vulgär)« und natürlich die Klassiker »kacken« und »scheißen« an. Unter dem Stichwort »urinieren« ging es ebenfalls recht spaßig zu. Dort fand ich neben »harnen«, »Lulu machen« und »sein Wasser abschlagen« auch die mir gänzlich unbekannten Synonyme »puschen«, »wiescherln«, »seichen« und »brunzen«. Vielleicht werde ich mich in Zukunft bei der Arbeit mit den Worten »Entschuldigen Sie mich bitte, ich muß mal eben wiescherln« auf die Toilette verabschieden.

Vermißt habe ich im Duden die zärtlich-dezenten Ausdrücke »pieseln«, »pieschern«, »driedeln« und »fieseln«. Wir entschieden uns dann letztlich trotz des lustig-vielfältigen Angebotes für das gute, alte »pinkeln«.

Aber ganz abgesehen von der Sprachverwirrung: Es ist wirklich so, daß für junge Eltern die Körperausscheidungen ihrer Kinder ein zentrales Thema sind – zumindest in den ersten drei Jahren. Immer wieder die gleichen Fragen von elementarer Wichtigkeit: Hat das Kind heute schon abgeführt? Ist der Stuhl in Ordnung? Pinkelt es wieder bei Herrn Eckert aufs Petersilienbeet? Haben wir genug Windeln und zur Not Klamotten zum Wechseln dabei? Gerade wenn man mit noch nicht stubenreinem Nachwuchs unterwegs ist, gilt höchste Wachsamkeit. Denn: Kleine Kinder sind nie ganz dicht. Auch wenn man sie noch so ordentlich wickelt – sie laufen ständig aus. Man merkt das zumeist an feuchten Flecken am Strampler. Sind diese farblos – Glück gehabt. Nur gepinkelt! Sind sie bräunlich und man ist gerade weit weg von zu Hause, dann hat man eine Menge Ärger an der Backe. Es ist mein Schönstes, in einem Kaufhaus in der Kundentoilette fluchend ein massiv eingekotetes Kind zu reinigen und notdürftig die kontaminierten Kleider wieder anzuziehen.

Ja, und irgendwann, wenn die Kleinen dann so drei Jahre alt sind, hat man die Faxen dicke und beginnt mit – der Sauberkeitserziehung!

Und das geht so: »Henri, willst du nicht mal auf dem Klo schietern?« »Neiiiiiiiiiin. Neiiiiiiiiiin! Windel, Windel!« Wir fügten uns. Immer wieder. Wenn Henri mal mußte, kam er angelaufen, jammerte etwas von »Po weh« und ließ sich eine Windel anbringen. Dann verschwand er in irgendeiner Ecke, stand regungslos da und führte mit entgleisten Gesichtszügen ab. Anschließend bestand er darauf, die volle Windel noch etwa fünfzehn Minuten zu tragen – und zu stinken. So und nicht anders wollte er es haben. Mein Vater, Ex-Soldat, erwähnte in diesem Zusammenhang einmal seine Erfahrung mit Kampfgas.

Wenn wir die Windel verweigerten, verweigerte Henri das Koten. Mein Freund Mark, studierter Psychologe, erklärte mir, das habe natürlich etwas mit Trotz zu tun. Allerdings solle ich auch das sinnliche Vergnügen des »lustvollen Zurückhaltens der Kotsäule« nicht unterschätzen. Kinder liebten das. Bis heute ist mir das Wort »Kotsäule« nicht mehr aus dem Kopf gegangen. Ich schätze es wegen seiner Mischung aus Wissenschaftlichkeit und Anschaulichkeit. Es begann also der Kampf um die Kotsäule. Denn die Zeit lief. Mit dreieinhalb sollte unser Ältester in den Kindergarten, und Wickelkinder wurden dort nicht zugelassen. In einem Urlaub auf Föhr griff ich dann hart durch. »Henri, die Windeln sind alle. Und ich kauf' auch keine mehr. Du mußt auf der Toilette schietern.« Ungläubiges Staunen. Unsicheres Lachen. Papa macht Quatsch. Schließlich Wut. »Dann schieter' ich nich.« – »Gut, mein Sohn, bitte. Wie du willst. Sieh zu, wie du damit klarkommst.«

Henri litt. Tapfer und schweigend. Nur gelegentlich hielt er sich die Hand an den Po und verkniff das Gesicht. Mächtig drückte ihn die Kotsäule. Am Abend dann die Teil-Kapitulation. Jammernd ließ sich ein bedingt Abführwilliger auf die Toilettenbrille setzen. Doch jetzt – im Angesicht des Klosetts – ein letztes Aufbäumen. Es kam nichts. Henri kämpfte weiter. Wir hockten mittlerweile zu dritt vor ihm: Vater, Mutter und – sabbernd und grinsend die Klobrille umfassend – Henris Bruder Hannes. Die Stimmung stieg. Anfeuerungsrufe. »Laß es raus, Junge.« – »Hau rein, Kapelle.« – »Pressen, pressen!« Dann endlich der Durchbruch. Ein erlösendes Platschen. Henri lächelte gequält, schwer atmend, aber glücklich. Es war vollbracht. Jubelschreie! »Super, Bursche.« – »Toll, so ein schöner Haufen!« Eltern wie von Sinnen!

Hätte mir vor ein paar Jahren jemand erzählt, daß Gesa und ich einmal juchzend um unseren kotenden Sohn herumtanzen und mit glücklichen Gesichtern einen kleinen Haufen in der Kloschüssel bestaunen würden – ich hätte ihn für verrückt erklärt.

Und Henri? Der saß zufrieden auf der Brille und sagte mit fester Stimme: »Und jetzt müßt ihr warten. Ich will noch was rausdrücken.« Klar, mein Alter, solange du willst!

Grausige Weisen
Bemerkungen über das Kinderlied

Kennen Sie dieses Lied?

> Hännsse dein. Ging dadein.
> Insse weite Welt hinein.
> Docke Hut dediem gut.
> Hansse wohlemut.

Richtig geraten, »Hänschen klein«. Henri sang diesen unausrottbaren Evergreen stets mit wilder Inbrunst und eigenwilligen »Lyrics«, wie der Engländer sagt. Irgendwie scheint dieser schlichte Song eine Art Archetypus kindgerechten Liedgutes darzustellen. Weiß der Geier, warum.

Wir wollten ja eigentlich diese ganzen spießigen Kinderlieder, Abzählreime und doof-nervigen Sprüche (»Alle Vögel fliegen hoooooch!«) boykottieren. Wollten sie als bürgerliche Rituale bewußt meiden und uns statt dessen selber den Kindern als kreative Unterhalter darbieten. Aber das uralte Liedgut führt ein unheimliches Eigenleben. Ablehnung reizt es besonders. Hängen Sie ein Schild an die Tür: »›Häschen in der Grube‹, ›Hoppe, hoppe Reiter‹ und ›Hänschen klein‹ sind hier verboten«, und am nächsten Morgen summt garantiert irgend jemand von der Familie eine der grausigen Weisen. Die »Volkslieder für kleine Leute« setzen sich durch, suchen und finden ihren Weg ins kindliche Hirn und nisten sich dort ein wie fettiger Staub. Also, kapitulieren Sie lieber gleich und stellen Sie sich den verhaßten Kindersongs. Singen Sie sie in aller Heimlichkeit mit Ihren Kleinen, und nehmen Sie ihnen so die Wucht der Peinlichkeit. Ich bekenne: Ich habe es getan. Widerwillig mit rotem Kopf brummelte ich z. B. die Geschichte vom kleinen Hänschen, dem Stock und Hut so wunderbar standen und dem die weite Welt so gut tat, wenn nur Muttern darob nicht so zerknirscht gewesen wäre und das Hänschen sich darob zur Heimkehr genötigt sah.

Ich empfand nach und nach sogar eine Art perverse Freude an dem debilen Gesinge. So, wie wenn man schlechte, billige Horrorfilme sieht, wo man die Drähte am Monster erkennen kann und auf der »einsamen, unbewohnten Insel« deutliche Reifenspuren entdeckt. Besonders angetan hatte es mir die schlichte Schönheit des Klassikers »Alle meine Entchen«. Wie sie da so schwimmen auf ihrem See und ihre Schwänzchen mit unter Wasser befindlichem Kopf in die Höhe recken. Also, das hat schon was.

Besonders erfreute mich, daß Henri mangels ausreichendem Sprachverständnis sogar eine sehr putzige Variante erfand. Die klang etwa so:

> Alle meine Entchen.
> Fimme aus Versehn.
> Fimme aus Versehn.
> Töpfe unter Wasse.
> Fänsse insse Höh!

Ich stellte mir dann immer Enten vor, die aus Versehen schwimmen, dies plötzlich bemerken, »Huch« schreien und dabei Töpfe unter Wasser halten. Sie merken, man entwickelt einen sonderbaren, leicht verschrobenen Humor, wenn man des Nachts so am Bett seiner Kinder sitzt und Lieder grunzt. Ich fing an, Henris Beispiel zu folgen, und veränderte die Evergreens (»Hänschen klein ist ein Schwein, war zu Recht total allein«). Mein Freund Meck führte mich dann, als wir mal über das Thema sprachen, in das revolutionär veränderte Sangesgut ein.

Was sang der aufrechte Arbeiter am Ende des Ersten Weltkriegs? Natürlich: »O Tannenbaum, o Tannenbaum. Der Kaiser hat in'n Sack gehau'n.«

Die mutierten Lieder sang ich aber nur mit Meck oder für mich allein, versteht sich.

Ich begann also nach und nach das deutsche Kinderlied zu lieben, entdeckte seinen lyrischen Reiz, seine schlichten Wahrheiten, seine emotionale Kraft. Ich verstand zwar nicht alle Texte, aber das geht mir mit den Rolling Stones genauso. Oder können Sie mir die folgende Textzeile erklären: »Wiede Wiedewenne singt meine Putt-Henne.« Was ist bitte eine Putt-Henne? Ein defektes Huhn? Na, egal. Besonders angetan haben es mir Schlaflieder. Mein liebstes ist dies:

> Schlaf, Kindchen, schlaf.
> Deine Mutter ist ein Schaf.
> Dein Vater ist ein Trampeltier.
> Was kann das arme Kind dafür?
> Schlaf, Kindchen, schlaf.

Und jetzt alle: »Schlaf, Kindchen, schlaf …«

Sie wollen nicht? Noch nicht? Nun gut. Wer nicht selber mit seinen Kindern singen mag, kann auf die Angebote der Musikindustrie zurückgreifen. Es gibt ja das Genre des Kinderlieds, meist von Erwachsenen zum besten gegeben. Hach, das sind furchtbar nette Onkels und Tanten, die immer mit so nervig niedlicher Stimme sturzdämliche Texte zu abstoßender Musik darbieten. Wenn man sie dabei ansehen muß (z. B. im Fernsehen), fallen sie einem schon auf, bevor man einen Ton hört. Ihre Augen sind nämlich stets vor gespielter Begeisterung weit aufgerissen, und sie grinsen abscheulich.

Eine Ausnahme muß ich allerdings machen: Rolf Zuckowski. Auch ihn mochte ich einst nicht, hielt ihn für einen braven Onkel-Typen. Aber ich muß Abbitte leisten. Seit ich Kinder habe und das Repertoire der Pädo-Popper einigermaßen kenne, weiß ich den Mann zu schätzen. Seine Texte haben Pfiff, die Musik ist schmissig, und er kann sogar sehr ordentlich singen. Dies gilt auch für die Kinder, die er regelmäßig bei seinen Konzerten und auf seinen Platten mitsingen läßt. Herzzerreißend und aus dem Leben gegriffen ist sein Song »Papa, bist du müde?«. Und besser als die öden Geburtstags-Dauerbrenner klingt Zuckowskis Lied »Wie schön, daß du geboren bist. Wir hätten dich sonst sehr vermißt«. Ebenfalls über jeden Zweifel erhaben sind natürlich die Songs aus der »Sesamstraße«. Kennen Sie »Hier am Teich«, gesungen von Kermit und einem Chor aus Fischen? Einfach umwerfend. Kermit besingt darin die wunderschöne Naturidylle eines Waldteiches, wird dabei aber ständig von Abfall produzierenden und mit Motorbooten crossenden Rowdies gestört. Aber wie Kermit nun mal ist – er singt gnadenlos weiter, bis man ihn zwischen den Abgasen kaum noch erkennt. Und schließlich haben die Rocker ein Einsehen und räumen ihren Müll wieder weg. Kann man Öko-Bewußtsein Kindern wunderbarer nahebringen?

Ich muß an dieser Stelle allerdings unbedingt anmerken, daß ich nur die eingedeutschten Lieder aus der amerikanischen Original-Sesamstraße mag. Ich hasse die deutschen Eigenbeiträge dieser Sendereihe mit ihren brav-doofen Protagonisten wie etwa Samson. Samson redet schleppend und bewegt sich wie ein Volltrottel. Nein, gegen die wunderbar anarchischen, schrägen Typen aus der US-Sesamstraße wie Kermit, Krümelmonster, Graf Zahl, Ernie und Bert oder Oscar wirken die deutschen Figuren wie Peter Kraus im Vergleich mit Elvis.

Am allerschönsten finde ich übrigens in der Sesamstraße, daß Bert vom leider verstorbenen, großartigen Wolfgang Kieling gesprochen wurde. Weil die alten Folgen zum Glück ständig wiederholt werden, bleibt uns diese Meisterleistung an kongenialer Synchronisation erhalten. Wie Kieling da näselnd und genervt den Alltag mit dem chaotischen Ernie (gesprochen vom ebenfalls wunderbaren Gerd Duwner) rüberbringt, das ist einfach große Klasse und auch für Erwachsene sehr unterhaltsam. Wenn Sie noch keine Kinder haben und die Sesamstraße noch nicht gucken: Darauf können Sie sich jetzt schon freuen.

Jespi, Jomann und Regenbogenfleisch
Henri verwandelt sich

Eines Tages kam Jespi zu uns. Er sah aus wie unser Henri. Hatte die gleichen blonden Haare, das gleiche niedliche Gesicht. Er trug sogar Henris Sachen. Und – um ehrlich zu sein – es war auch unser Henri. Nur, daß der steif und fest behauptete, nicht mehr Henri zu sein, sondern ein Junge namens Jespi. Henri sei kurz außer Landes. Und er, Jespi, würde vorübergehend bei uns wohnen und Henri würdig vertreten. Wir waren einigermaßen überrascht. Henri war immerhin erst drei Jahre alt. Ich machte mir natürlich sofort Sorgen und dachte an »schizoide Schübe« und »Persönlichkeitsspaltung«. »Du hast zu viele Filme gesehen«, beschied Gesa trocken. »Genau«, antwortete ich. Wahrscheinlich ist dies der Auftakt zu dem Reißer »Dr. Henri und Mr. Jespi«. Jespi bzw. Henri benahm sich derweil nicht weiter auffällig. Außer, daß er mit sichtlichem Interesse sein Zuhause wahrnahm, als ob er es erstmals beträte. Außerdem sprach er mit leicht verstellter Stimme. Ein Anruf bei Freunden beruhigte mich. Ja, das gäbe es gelegentlich, daß die Kleinen behaupteten, jemand anders zu sein. Das dauere nie lange. Jespi ging derweil in Henris Spielzimmer und baute an der Holzeisenbahn herum. Selbst wenn er sich unbeobachtet fühlte, benahm er sich ganz wie Jespi und murmelte: »Oh, so eine tolle Lok hat Henri.« Ich war seltsam angerührt. Mein kleiner Henri phantasierte. Gleich würde er wohl auch noch behaupten, daß da ein Hase namens Harvey hockte. Nun gut, wir ließen ihn gewähren und nannten ihn also folgsam Jespi. Das ging so weiter, bis wir ihn mit einem fröhlichen »Jespi, komm essen« zum Abendbrot riefen. Unser Sohn polterte – wie immer – hektisch die Treppe herunter, stand dann grinsend in der Küche und meinte mit gespielter Empörung: »Aber ich heiß' doch Henri. Jespi ist schon weg.« Na, dann.

Jespi kam noch ein paarmal. Immer überraschend. Und immer war er mit dieser leicht verstellten, piepsigen Stimme ausgestattet. Wir spielten jedes Mal mit und waren eigentlich nur noch überrascht, als eines Tages statt Jespi ein gewisser Jomann bei Henri im Zimmer stand. »Jespi ist weg«, erklärte Henri kurz. »Jetzt kommt auch oft Jomann.« Wir sind gespannt, welche Identität Henri als nächstes annimmt. Auch seine Füße haben von ihm schon die wildesten Namen bekommen. Mal hieß der linke »Habisele« und der rechte »Regenbogenfleisch«, mal strampelten »Mugaste« und »Nifilische« wild im Bett herum. Hannes kann mit Henris Phantasiegestalten und Fußnamen noch nichts anfangen. Er kapiert nicht, was sein Bruder da für einen Unsinn macht, und zerreißt lieber kopfschüttelnd ein Fotoalbum.

Ich habe mich an die kleinen Kollegen jedenfalls schon sehr gewöhnt. Jomann räumt nämlich im Gegensatz zu

Henri immer sein Zimmer auf. Jespi hingegen ist noch eine Spur chaotischer als Henri. Dafür ist Jomann sehr wählerisch beim Essen. Jespi ißt jedoch praktisch alles. Ein echter Naturbursche. Jomann allerdings könnte mal Architekt werden, so toll baut er Häuser aus seinen Klötzchen ..., ich meine, aus Henris Klötzchen ... und aus Jespis. Äh, also ..., Entschuldigung, ich kann nicht weiterschreiben. Ich muß los. Jespi hatte mich ja gebeten, Jomann vom Kindergarten abzuholen.

Was Kinderlose nicht wissen
Eine gemeine Polemik

Eltern und Kinderlose bewohnen zwei verschiedene Dimensionen. Kinderlose kennen die Welt um sechs Uhr morgens am Sonntag nicht. Sie wissen nicht, wie es ist, an einem Sonnabend schon um 19.45 Uhr ins Bett zu gehen. Sie kennen nicht das Gefühl der Panik, wenn ihnen bei einem Spaziergang eine leise Stimme zuflüstert: »Ich muß groß.« Ach, sie wissen nichts von Monstern, die nachts in Zimmern lauern und vertrieben werden müssen. Sie ahnen nicht, daß man ein krakeliges Gewirr aus Strichen und Kreisen für wunderschön halten kann. Sie kennen keine Bettdecken, die nachts eigenmächtig von kleinen Körpern rutschen. Sie kennen das beruhigende Gefühl nicht, wenn man leisen Atem spürt. Sie wissen nicht, wie es ist, wenn sich bei Gefahr eine kleine, warme Hand in die eigene schiebt. Sie sind noch nie mit feuchten Honigbrotresten gefüttert worden. Haben noch nie ein Pflaster auf eine Wunde geklebt, die keine ist. Sie wissen nicht, wie es ist, wenn sich kleine Brüder küssen. Sie kennen das Gefühl nicht, ein nasses, nacktes Kind in ein Badelaken zu wickeln und an sich zu drücken. Sie wissen nicht mehr, daß Haarewaschen unsagbar widerlich ist. Sie haben vergessen, daß nichts besser schmeckt als Nudeln mit Ketchup. Sie haben noch nie ein Königreich für einen Schnuller eintauschen wollen. Sie kennen den weißen Schimmer im Gaumen nicht, der ein Zahn wird.

Sie sind ausgeschlafen. Gut. Sie haben Zeit für sich. Auch gut. Sie müssen nicht die Giftnotrufzentrale anrufen und fragen, ob es schädlich ist, Sonnenmilch zu trinken. Sie müssen keine verwüsteten Zimmer aufräumen. Kein Spielzeug reparieren. Keine Angst vor Autos haben. Keine Gute-Nacht-Geschichten erzählen, keine blöden Kinderlieder singen und keine Sesamstraße gucken. Sie brauchen nicht dauernd neue Schuhe zu kaufen, weil die alten zu klein sind. Sie müssen niemals unmögliche Fragen beantworten. Sie brauchen nicht Nächte durchzuwachen, weil jemand vierzig Grad Fieber hat, der noch keinen Meter groß ist. Sie brauchen nicht zu untersuchen, bewachen, verhindern, wiegen, messen, säubern, tragen und zu schaukeln. All das brauchen sie nicht. All das dürfen sie nicht.

»Papa Penis, Mama Haare«
Henri entdeckt die Geschlechter

»Natürlich muß man seine Kinder frühestmöglich aufklären«, sagte ich mit fester Stimme. »Knallhart. Schluß mit den kleinbürgerlichen Geheimniskrämereien und den blöden Geschichten von den Bienen. Man erzählt den Kids einfach, was Sache ist, und der Fisch ist geputzt, wie wir im Norden sagen.« Ich fand mich toll. Total cool, der Mann. Sagt, wo der Hammer hängt. Von wegen. Diese Weisheiten gab ich in einem Gespräch mit jungen Eltern von mir. Vor sieben Jahren. Da hatten wir noch keine Kinder. Als wir selber in Sachen »Oswalt Kolle erzählt« gefordert waren, sah die Sache schon ganz anders aus. Ganz so leicht, wie ich es damals behauptet hatte, ist Aufklärung nämlich nicht.

Henri thematisierte den Geschlechterunterschied erstmals im Alter von drei Jahren. Es war an einem Sonntag morgen. Die Familie turnte im Badezimmer herum. Alle waren »nacki«, wie Henri immer sagt. Hannes riß gerade mal wieder etwas von einem Bord herunter und grunzte dabei wie ein Trüffelschwein. Henri hingegen blickte sinnend auf die Leibesmitte seiner Eltern. Irgendwas, das merkte er, war da im direkten Vergleich anders. Dann meinte er trocken: »Papa Penis, Mama

Haare.« Und damit hatte er den Stein ins Rollen gebracht. Wir lachten, fühlten uns aber genötigt, dem kleinen Herrn zu erläutern, daß die Frau sich vom Manne nicht einzig durch die Abwesenheit des Penis auszeichne, sondern daß sie über eigene, höchst diffizile Geschlechtsorgane verfüge. »Also«, hub ich an. »Ganz so einfach, mein Alter, ist das nicht. Papa hat zwar einen Penis. Aber Mama hat auch so was …, ich meine …« – »Ja, Haare«, sagte Henri und nickte gewissenhaft. »Rajimö?« fragte Hannes. Er aß gerade meinen Rasierpinsel und wollte wohl wissen, ob das grundsätzlich in Ordnung ginge. Allgemeines Gelächter. Doch dann mußte weiter-

erzählt werden. »Ja, also, und Mama hat eine Scheide.«
Henri: »Was ist das?« Ich: »Na, so eine … Öffnung, so
ein Tunnel …« Henri: »Ach so, für 'ne Lok.« Ich: »Na ja,
sozusagen. Ja, stimmt eigentlich. Mama hat einen Tunnel und Papa die Diesellok.« Ich fand's irre lustig, aber an
dieser Stelle unterbrach Gesa das Gespräch. Sie schlug
vor, daß wir uns erst mal sowohl über Form als auch über
den Inhalt des Aufklärungsgesprächs verständigen sollten. Dann könne Weiteres verkündet werden. Henri war
momentan ohnehin nicht mehr interessiert. Das Gleich-
nis mit der Lok hatte ihn an seine Holzeisenbahn erin-
nert, und er stapfte die Treppe runter, verfolgt von Gesa,
die meinte, angezogen spiele es sich im noch ungeheiz-
ten Wohnzimmer doch entschieden entspannter.
Hannes hatte derweil mein Rasierwasser in den Ausguß
gekippt und kommentierte das mit »Radilliup!«. Dann
pinkelte er mit wichtiger Miene auf mein Handtuch.
Aber aufgeschoben war nicht aufgehoben. Henri würde
wieder fragen, warum denn Mann und Frau »Tunnel«
und »Lok« hätten. Die Frage, wie Kinder auf die Welt
kommen, lag ohnehin schon seit einiger Zeit in der Luft.
Er und seine Freundin Gesche hatten sich nämlich entschieden, zu heiraten und ein Baby zu bekommen. Das
sollte »Anna-Lehn« oder so heißen. Wie sie das anstellen
wollten, war ihnen augenscheinlich nicht ganz klar. Sie
glaubten, man könne sich das Kind nach der Ehe-
schließung beim Pastor oder irgendwo im Baumarkt abholen. Ich befürwortete im übrigen die geplante Ehe.
Gesches Vater ist ein Schulkamerad von mir, den ich
schätze. Seine Frau ist sehr nett und Gesche selber außer-

ordentlich bezaubernd. Außerdem hat die Familie einen schönen Bauernhof im Ort. Land und Vieh als Mitgift lasse ich mir gefallen. Na, mal sehen, ob's später klappt. Ein paar Wochen später kamen wir wieder eher zufällig auf das Thema »Aufklärung«. Gesa erzählte, wie sehr Hannes und Henri in ihrem Bauch immer gestrampelt hätten. Henri kräuselte seine kleine Stirn (er selber sagte damals »Dürn«) und fragte dann schließlich und endlich, wie er und Hannes denn da überhaupt reingekommen seien. »Also«, sagte Gesa. »Du warst ganz, ganz klein. Etwa so.« Sie zeigte mit Daumen und Zeigefinger den kleinstmöglichen Zwischenraum. »Und wo war ich da?« fragte Henri. Ich übernahm: »Ja, also, eigentlich bei Papa drin. Und dann hat Papa dich bei Mama unten reingetan, und Mama hat dich in ihrem Bauch immer größer werden lassen und dir zu essen gegeben.« Wir mußten grinsen. Wir hatten zwar klare Worte gefunden, aber ich hatte Gesas Aufklärungsversion auf eine Weise fortgeführt, für die mich Feministinnen aufhängen würden. Die Frau zum bloßen Behälter zu degradieren, in den der Mann das Kind zwar klein, aber im Grunde fertig, zum Ausbrüten deponiert, das ging nun wirklich nicht. Also erläuterten wir Henri, der gewissenhaft mit offenem Mund lauschte, daß er sozusagen aus Teilen von uns beiden zusammengesetzt wurde und dann bei Gesa im Bauch gewachsen ist, bis er groß genug war. Und um das zu bewerkstelligen, sei eben der Penis für einen begrenzten Zeitraum in die Scheide gesteckt worden. Sozusagen zur Weitergabe der verschiedenen Teile. Und das habe viel Spaß gemacht.

Der Zeugungsvorgang klang bei uns zwar wie die Übergabe einer Lösegeldforderung bei einer Geiselnahme, aber zum Glück reichte Henri diese Erklärung. Wir hätten auch keine Lust auf weitere Details gehabt. Nicht, weil wir uns schämten, sondern weil uns irgendwie die richtigen Worte fehlten und weil wir Henri nicht mit Informationen über Erektionen und Orgasmen überfordern wollten, die in seinen kleinen Kopf überhaupt noch nicht reinpaßten. Hätte er weiter nachgehakt, wir hätten's versucht. Aber er war noch nicht mal vier, und die Vorstellung, daß er mal so klein wie ein Sandkorn gewesen sein sollte, fand er klasse genug.

Andere Eltern haben – so wurde mir berichtet – die Sache mit der Zeugung bei geichaltrigen Kindern vollständig und in wissenschaftlich korrekter Terminologie durchgezogen. Das ist auch eine Methode. Nur muß man sich dann damit abfinden, daß die Kinder anderen schon mal erzählen, daß »Valentin aus ein' Orgasmus rausgefallen ist. Weil Papa einen Erektiom hatte und bei Mama eine Gebärmutti frei war«. Auch schön!

Kleine Zerstörer
Wenn Kinder »puttmachen« spielen

Heute, liebe Leser, wollen wir uns einmal dem Verhaltensrepertoire des noch kindlichen Homo sapiens unter besonderer Berücksichtigung des Zerstörungstriebes widmen. Kleine Kinder verfügen nämlich trotz ihrer geringen Körpergröße bereits über ein beachtliches Aggressionspotential, das sich gern und oft an unbelebten Gegenständen entlädt. Selbst wenn sie des

Laufens noch nicht mächtig sind, ziehen sie sich beispielsweise gern an Schränken hoch, halten sich mit einer Hand mühsam im Gleichgewicht, um mit dem verbleibenden Greifarm den Inhalt der Schränke herauzureißen und zu Boden zu werfen. Das Geschepper zerbrechenden Geschirrs verschafft den kleinen Wesen eine tiefe Befriedigung. Erst wenn der Schrank total entleert ist, läßt das

Kind davon ab. Besonderen Schutz sollten Sie Ihrer CD-Sammlung angedeihen lassen. CDs lösen nämlich bei kleinen Kindern, wenn sie ihrer ansichtig werden, einen sofortigen Greif-Reflex aus. Sie packen die Plastikhüllen, öffnen sie mit schnellen, hektischen Bewegungen, ent-

kernen diese und werfen den glitzernden Tonträger achtlos fort. Das bunte Cover ist ihr eigentliches Ziel. Dieses wird anfangs noch vorsichtig herausgetrennt, aber dann nach kurzem Zögern unter Zuhilfenahme von Zähnen und Klauen zerrissen und zerstückelt. Bis zu zwanzig CDs können auf diese grausame Weise niedergemacht werden, ehe die Aufmerksamkeit des kleinen Menschen erlischt und er sich anderen Zerstörungen zu widmen beginnt. Etwa dem Auskippen von Blumentöpfen. Humanbiologen glauben, das Kind wolle auf diese Weise die Renaturierung der Wohnung betreiben. Erst die auf dem Boden verteilte und festgetretene Erde vermittle den Kleinen das Gefühl, der Schöpfung nahe zu sein.

Daher, so die Experten, rühre auch der kindliche Drang, wann immer möglich, die Wohnung einzukoten bzw. einzunässen.

Der besondere Haß kleiner Kinder gilt weißen Rauhfasertapeten. Zwanghaft nähern sie sich immer wieder dem schlichten Wandschmuck, um diesen mit Stiften, Kugelschreibern, Farbe oder Exkrementen zu verunstalten. Nicht weniger aggressiv reagieren sie auf Videorecorder. Die Klappe, hinter der sich der Kassettenschacht und

schließlich das sensible und empfindliche Innenleben des Recorders verbirgt, ist für Kinder eine ständige Provokation. Es drängt sie, in eben diesen Schacht hineinzugreifen, um mit groben, ruckartigen Bewegungen das Gerät funktionsuntüchtig zu machen. Dies erscheint angesichts der namenlosen Gier, mit der sie schon im Kleinkindalter Videofilme in Massen konsumieren, besonders unverständlich. Es steht zu vermuten, daß das Kind sich dadurch unbewußt zum unbeweglichen, unkreativen Rezipienten degradiert fühlt und durch die Zerstörung des Abspielgerätes wieder die Rolle des Aktiven zurückerobern möchte. Dies erklärt auch das vorsätzliche Zertrümmern des eigenen Spielzeuges. Erst abgöttisch geliebt, wird es schließlich zum verhaßten Fetisch diktatorischer Spielzeugproduzenten, die dem Kind durch filigrane Detailbesessenheit jede Phantasie rauben. Das Kind reagiert mit Aggression, beginnt mit leichten Verstümmelungen (Abbrechen von Autoantennen, Schänden von Lego-Figuren) und entlädt seinen Zorn schließlich in einer Orgie der Verwüstung. Es bemüht sich – trotz aller Raserei –, bei diesem Vorgang unbeobachtet zu bleiben. Später finden Eltern dann das grausig zugerichtete Spielzeug, das Kind aber bestreitet kategorisch jede Täterschaft, um sich vor Strafe zu schützen. Ja, es simuliert sogar echte Verzweiflung, um so in den Genuß neuen Spielzeuges zu geraten, das nach kurzer Zeit das gleiche grausige Schicksal ereilt.

Die Gewaltbereitschaft des Kleinkindes macht auch vor den eigenen Artgenossen nicht halt. Schon kleinste Unstimmigkeiten führen zu körperlichen Attacken, meist mit wild rudernden Armen ausgeführt. Begleitet werden diese Ausfälle von Weinen und Wehklagen, seltsamerweise auch von seiten des Angreifers. Nach Sekunden ist alles vorbei. Täter und Opfer sitzen erschöpft schluchzend und laut nach Erziehungsberechtigten rufend am Boden. Den Tathergang zu rekonstruieren ist oft nicht möglich, da die Beteiligten umgehend behaupten, der jeweils andere habe den Streit begonnen. Wenn ältere Kinder jüngere, der Sprache noch nicht mächtige, Geschwister mißhandeln, wird sogar dreist behauptet, der kleine Bruder sei versehentlich gefallen, habe sich die Beule oder Kratzwunde gar selbst beigebracht. Erstaunlich ist, mit welcher Verschlagenheit Kinder ihre Untaten zu verschleiern versuchen. Selbst wenn man sie bei übelsten Rempeleien direkt beobachtet, geben sie noch vor, die Tat lediglich »aus Versehen« begangen zu haben. Zur Not wird auch eine, oft recht absurde, Begründung angeführt. Die kleine Schwester sei lediglich geschubst worden, weil »daneben ein Gebenst (Gespenst)« gestanden habe, welches beseitigt werden mußte.

Der Ratzebiber
Ein recht sonderbares Märchen

Jeden Abend erzähle ich meinen Jungs eine Geschichte. Bei Henri habe ich damit angefangen, als er die ersten Rudimente der Sprache zu verstehen begann. Es hat ihn immer schwer begeistert. Falls Sie jetzt einwenden wollen, das sei ja schön und gut, aber nicht jedem fiele nun einmal jeden Abend eine Geschichte ein, so kann ich Sie beruhigen. Geschichten für ganz kleine Kinder können ungeheuer einfach, ja nahezu schwachsinnig sein. Und außerdem können Sie sowieso immer dieselbe erzählen. Das lieben die Zwerge besonders.

Mein Hit war eine Story, die damit begann, daß ein Junge namens Tim zu seinem Freund Zwack wollte. Er fragte seine Mutter, und die sagte ja, aber er solle sich seine Schuhe anziehen. Es folgte dann eine umständliche Beschreibung sämtlicher Kleidungsstücke. Anschließend erzählte ich, wie Tim die Treppe runterging, auf die Straße kam und dort schön nach rechts und links guckte usw. Es kamen noch eine Ampel, ein Bahnübergang mit reichlich Zugverkehr und ähnlich aufregende Dinge vor. Bevor mir die Puste ausging, war Henri meist schon eingeschlafen. Wenn nicht, beschrieb ich meine S-Bahn-Fahrt zur Arbeit mit allen Stationen.

Mein Freund Mark wollte einmal unbedingt dabeisein, als ich Henri seine Gute-Nacht-Geschichte erzählte. Er würde so was gerne hören, und meine Stories seien ja sicherlich recht spaßig. Später befand er entsetzt, die Geschichte sei von so gleißender Langeweile gewesen, daß ihm schon nach drei Minuten die Augen zugefallen seien. Ein Beweis für den extrem hohen Einschläferungsfaktor meiner Geschichten.

Nach und nach mußten die jedoch etwas handlungsreicher und phantasievoller werden. Zwar reichten dem kleinen Hannes jetzt die öden Langweiler (Hauptsache, er hörte meine Stimme), aber Henri wollte stets Monster, Zaubertiere und Lokführer eingebaut wissen. Also mußte ich wirklich loslegen. Ein paar recht gute sind mir gelungen.

Der Hit aber war und ist die Geschichte vom Ratzebiber. Die findet Henri einfach klasse. Ich dokumentiere sie im folgenden und erlaube jedem, sie den eigenen Kindern zu erzählen. Ich bin sicher, die werden sie toll finden, denn daß es jemanden gibt, der *freiwillig schlafen* will, das ist doch wirklich bemerkenswert und ungeheuer märchenhaft. Also:

Es war einmal ein Biber. Der wohnte mitten im Wald an einem Fluß. Dort gab es auch noch andere Biber. Aber dieser eine Biber war etwas Besonderes. Alle Tiere im Wald nannten ihn den Ratzebiber. Warum, willst du wissen? Na, weil er dauernd müde war und deshalb immer ratzen wollte.

Du kennst das Wort »ratzen« nicht? Okay, man kann auch »schlafen« dazu sagen. Manche sagen auch »knakken« oder »pofen«. Oder »an der Matratze horchen« oder »horcheln« oder »aufs Ohr hauen« oder »Augenpflege machen«. Egal, im Wald sagten alle Tiere »ratzen«, wenn sie schlafen meinten.

Na, und der Ratzebiber war die größte Schlafmütze von allen. Wenn die anderen Biber morgens nach dem Frühstück im Wasser spielten, tauchten und tobten, dann sah man den Ratzebiber am Ufer stehen und dösen. Er hatte die Augen immer halb geschlossen. »Ich denke, ich werde ein ganz klein wenig ratzen«, pflegte er dann zu sagen und hockte sich an einen Baum. Und – schwups – war er eingeschlafen. Man kann auch weggeratzt sagen. Oder eingepoft. Na, egal! Jedenfalls hörte man den Ratzebiber schon morgens schnarchen.

»Was sollen wir nur mit dem Ratzebiber machen?« fragten sich seine Mutter und sein Vater. Sie hatten noch fünf andere Biber. Aber die wollten eigentlich nie ins Bett und waren morgens immer schon viel zu früh wach und störten ihre Eltern.

Nur der Ratzebiber nicht. Den mußte man zum Frühstück wecken. Dann wankte er an den Tisch in der Mitte des Biberhauses und ließ sich mit einem Seufzer auf einen Stuhl plumpsen. »Mann, bin ich müde«, murmelte er meistens und begann langsam ein Fischbrötchen in sich reinzustopfen. Und nicht selten sackte sein Kopf danach auf die Tischplatte, und er ratzte einfach weiter.

Seine Geschwister machten oft Quatsch mit ihm. Einmal versteckten sie sein Bett. Den Ratzebiber ließ das kalt. »Ratz' ich eben ohne Bett«, murmelte er und legte sich auf den Fußboden. Dann wieder versteckten sie Ameisen unter seiner Bettdecke. Aber der Ratzebiber kam nicht nach Hause. Er war beim Spielen eingeschlafen und hatte die Nacht unter einem Baum verbracht. Ein anderes Mal stellten sie einen Wecker direkt neben sein Bett. Der klingelte mitten in der Nacht. Und was machte der Ratzebiber? Er wankte zum Frühstückstisch, legte den Kopf auf den Tisch und schlief dort weiter.

Schließlich wurde es so schlimm mit ihm, daß seine Eltern den alten Biberarzt Doktor Gelbzahn holten. Doktor Gelbzahn untersuchte den – tief schlafenden – Ratzebiber und sagte dann: »Klarer Fall von Ratzeritis. Tückische Krankheit, das. Kommt nicht oft vor, hier im Wald. Kenne nur noch ein Wildschwein hinten an der Lichtung. Das schläft praktisch ständig.«

»Ja, und?« fragte die Mutter des Ratzebibers. »Was sollen wir nun machen?«

»Tja«, sagte Doktor Gelbzahn. »Dumme Sache, das, gnä' Frau. Gibt kein Medikament. Können nur hoffen, daß der kleine Schnarchsack sich von selber kuriert.«

Und so ging alles weiter wie bisher. Die anderen Biber tobten, und der Ratzebiber ratzte. Bis die alte Eule Erna von der Sache hörte. Sie flog zu den Eltern des Ratzebibers und sagte mit ihrer dunklen, rauchigen Stimme: »Hört, ihr Biber. Ich weiß Rat. In den alten Tagen heilte man die Ratzeritis folgendermaßen: Ihr müßt zehn kleine Biber um das Bett des Kranken stellen. Und in der Sekunde, in der die Sonne aufgeht, müssen alle gleichzeitig singen:

> Dreimal quiekt die alte Sau
> Die Unke nimmt 'nen Molch zur Frau
> Der Hund hat heute Katzenohren
> Die Stute hat den Schwanz verloren
> Der Salamander glüht vor Liebe
> Wach jetzt auf, du Ratzerübe!«

Die Biber taten, was ihnen die Eule geraten hatte. Kurz
vor Sonnenaufgang schlichen sich zehn kleine Biber an
das Bett des Ratzebibers. Die ganze Nacht hatten sie die
Zauberfomel auswendig gelernt. Draußen wartete ein alter Biber. Und in dem Moment, in dem die ersten Son-
nenstrahlen durch den dunklen Himmel drangen, gab er
das Zeichen, und die zehn kleinen Biber grölten:

> »Dreimal quiekt die alte Sau
> Die Unke nimmt 'nen Molch zur Frau
> Der Hund hat heute Katzenohren
> Die Stute hat den Schwanz verloren
> Der Salamander glüht vor Liebe
> Wach jetzt auf, du Ratzerübe!«

Und kaum waren sie fertig, da sprang der Ratzebiber
ganz schnell aus dem Bett und rief mit lauter Simme:
»Zack – wach bin ich. Fit wie ein Turnschuh. Was wollen wir anstellen?« Da lachten alle Biber und freuten sich,
daß der Ratzebiber endlich seine Schlafkrankheit über-
wunden hatte.

Wilde Träume
Freud und ich

Neulich mußte ich Henri erklären, warum man träumt. Das war schwer. Ich erklärte ihm, daß es eine Art Kopf-Kino wäre, wo manchmal nette und lustige, gelegentlich aber auch doofe und unheimliche Filme laufen. Letzteres bestätigte mein Ältester mit ernstem Blick. Das habe er auch schon gemerkt. Kürzlich habe er zum wiederholten Male von einem Trecker geträumt, der ihn bis in sein Zimmer verfolgt habe. »Aber das war ja nicht in echt«, beruhigte er sich selbst. »Genau«, sagte ich. »Das war überhaupt nicht in echt. Papa träumt auch oft, und wenn ich aufwache, sage ich mir gleich immer: Bleib cool, Papa. Das war ja nur Kwaksch.« Henri war daraufhin zufrieden. Das Thema war erledigt. Für mich nicht. Denn es stimmt: Ich träume. Aber das ist bei mir anders als bei anderen Leuten. Träume sind ja oft seltsam. Aber bei mir sind sie irgendwie besonders seltsam. Bin ich vielleicht verrückt?

Sigmund Freud ist verzweifelt. Ich träume nämlich auch regelmäßig von ihm, und wir analysieren gemeinsam im Traum meine Träume. Er sitzt dann neben mir auf dem obligatorischen Sessel. Kopfschüttelnd, grübelnd. Neulich stand ich im Traum in meiner Redaktion und harkte Laub. Dann kam eine Kollegin in einem grünen Kittel mit der Aufschrift »Pathologie, Abteilung Eichhörnchen« hinzu und bewunderte meinen Besen. Ich ignorierte sie. Daraufhin schlug sie mir einen tragbaren Computer über den Schädel und rief laut: »Schrill-Peter und Linsen. Der Arsch muß grinsen«. Dann warnte sie mich, nicht noch mal »so einen Scheiß wie neulich« zu schreiben. Ich lachte dämlich, und auf dem PC-Bildschirm stand »Jack Nicholson ist ein alter Schwede.«

Bitte, Herr Freud, Ihr Auftritt. »Nun, hier handelt es sich um symbolhafte Versagensangst. Sexuell fühlen Sie sich von Übermännern wie Jack Nicholson in den Schatten gestellt. Sie haben Angst, beruflich zu versagen, fühlen sich manchmal klein wie ein Eichhörnchen, und der Besen ist … na, logo … ein Phallussymbol.« – »Und was ist mit dem alten Schweden?« fragte ich. Aber Freud war bereits eingeschlafen, und ich saß mal wieder allein da mit all meinen Fragen.
Dabei hätte ich ihn wirklich dringend gebraucht. Denn Henri hatte erst in der letzten Woche eine furchtbare Nacht, und ich würde gern wissen, wie man sich angesichts kindlicher Alpträume richtig verhält. Morgens um zwei Uhr wachten wir auf und hörten Henri wimmern. Zack – stand ich an seinem Bett und fragte mit tröstender Stimme, was denn los sei. »Nein«, schrie Henri und wimmerte weiter. »Henri«, insistierte ich. »Du hast geträumt, und jetzt ist alles gut.« Aber er zitterte weiter am ganzen Körper, die Augen weit aufgerissen. Offensichtlich träumte er weiter, obwohl er nicht mehr schlief.

Schließlich nahm ich ihn mit in unser Bett, und erst dort war er nach ein paar Minuten wieder soweit, daß er mir erklären konnte, was los war. »Da war ein Räuber«, sagte er. »Und ein Auto, wo hinten Feuer rauskommt.«

Mir schwante etwas. Für den Räuber konnte ich zwar nichts. Aber das Auto mit dem Feuer – das war mir klar – hatte ich zu verantworten. Ich hatte Henri nämlich den Trailer des letzten Batman-Films ansehen lassen, weil er den Mann mit der Fledermausmaske als Puppe (hat ihm eine Kollegin geschenkt – ich kann nix dafür!) so toll findet. Na ja, und in dem kleinen Filmchen fuhr Batman mit seinem Auto unter infernalischem Gedröhne die Wände hoch, und hinten kam Feuer aus dem Auspuff, und es knallte, und die Musik war ziemlich dramatisch, und Gebäude stürzten ein. Na, wie das eben so ist in Action-Filmen. Ich glaube, das war keine gute Idee. Es hat Henri wohl doch etwas überfordert.

Ich tröstete unseren Ältesten nach besten Kräften, und er beruhigte sich nach und nach. Aber richtig entspannt war er erst, als ich ein bißchen Quatsch machte und ihm erzählte, daß der Räuber geflüchtet sei, weil Hannes ihm eine volle Windel an den Kopf geschleudert habe. Das fand Henri dermaßen komisch, daß er laut lachte und beinahe wieder ganz der alte war. Anschließend erzählte ich ihm, daß fiese Träume ab und zu eben mal vorkämen und daß da jeder durchmüsse. Ich, sein Papa, würde praktisch dauernd von Räubern und Auspuff-Feuer träumen. Und das stimmt ja auch fast. Nur, daß ich eben noch viel größeren Quatsch träume. Und meine Söhne? Erwartet sie ein ähnliches Traum-Schicksal? Werden

auch Sie irgendwann ins existenzialistische Traumchaos geworfen? Sehen sie dann im Schlaf auch seltsame Dinge? Batman auf einem Bobby-Car? Ein Schokoladencroissant mit Masern? Helmut Kohl?
Diese Frage muß geklärt werden. Freud, sind Sie wach?

Arschbomben und Insekten
Im Schwimmbad

Ich bin wasserscheu. Ich hasse Schwimmbäder und -hallen. Schon der Geruch von Chlor, der Anblick von Fußdesinfektionshähnen, Bademeistern in weißen Latschen und Drei-Meter-Sprungtürmen bereitet mir Unbehagen. Genau wie die Duschen in Schwimmbädern, die immer eingestellt sind wie Sandstrahlgebläse. Diese Schmerzen!

Sicher, auch ich erfrische mich gerne mal im Wasser – solange es warm genug ist. Ufernah und möglichst unbehelligt von irgendwelchen grölenden Menschen, die andauernd »Arschbomben« vom Dreier machen und drei Zentimeter neben mir ins Wasser donnern. Zugegeben, heldenhaft ist dieses Badeverhalten nicht. Aber so ist es nun mal. Wasser ist nicht mein Element. Meine Frau, die

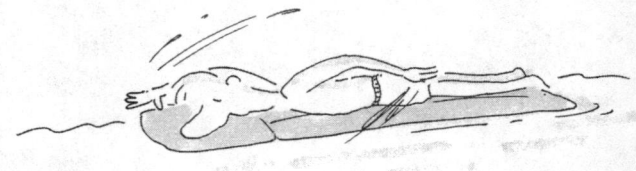

eine sehr gute Schwimmerin ist, hatte dieses Verhalten mit amüsierter Miene toleriert. Es hatte ja was, daß ich im Urlaub am Strand immer auf die Sachen aufpaßte und sie sich nach Herzenslust austoben konnte. Bis, ja, bis die Kinder kamen. »Du mußt dich zusammenreißen«, sagte sie. »Henri und Hannes brauchen ein Vorbild. Ich erwarte todesmutige Aktionen. Vielleicht tauchst du ja sogar mal deinen Kopf unter Wasser.« Ich protestierte. Schließlich hatte ich in einem Griechenland-Urlaub schon mal geschnorchelt – ein bißchen zumindest. (Ich sah seinerzeit Seegurken, die wohl langweiligsten und häßlichsten Tiere der Welt.) Nun ja, aber ich verstand, daß Gesa den Kindern nicht allein zeigen konnte, wo es wassertechnisch längsgeht. Sie brauchten auch einen Vater, der sich hoch erhobenen Hauptes in die Fluten stürzt und mit fester Stimme ruft: »Seht, Knaben, so geht das mit dem Schwimmen.«

Also gingen wir im Sommer in unser dörfliches Freibad, ein See mit angeblich gesundem Heilwasser. Gesund mochte es ja sein, aber es war auch trübe und unheimlich. Allerlei Getier schwamm darin herum. Und Algen, die sich wie feuchte Tentakel um die Beine der Schwimmer legten. Aber ich ging tapfer mit. Schon beim Betreten der großzügigen und ob des guten Wetters stark überfüllten Anlage bemerkte ich, daß die Arschbomben-Frequenz hoch war. Wir ließen uns im Kinderplanschbereich nieder. Dabei handelte es sich um einen kleinen, eingezäunten Bereich, in den unzählige Kleinkinder mit Wonne hineinurinierten. Kotflocken sah ich glücklicherweise nicht.

Wir zogen Henri und Hannes aus, cremten die beiden heftig protestierenden Knaben ein und ließen sie losdackeln. Hannes stürzte sofort ins knöcheltiefe Wasser und amüsierte sich köstlich.

Henri jedoch verlangte schon nach Sekunden, daß ihm einer von uns ins urinwarme Wasser folgen sollte. Ich mußte ran. Es war dann wider Erwarten ganz lustig. Wasser spritzte. Kinder kreischten, Papa kicherte. Eine Luftmatratze sorgte dann für den endgültigen Ausbruch volksfestartiger Tumulte.

Bis der »Hunne« kam. Ein kleiner drahtiger Bub mitsamt seiner bräsigen Mutter. Das kleine Rauhbein warf sich auf Henri, entriß ihm mit den Worten »Jetzt ich« die Luftmatratze und gab Fersengeld. Henri war zunächst vollkommen baff, bemerkte dann den Diebstahl und rannte hinterher. Aber der Dieb fegte ihn mit einem

Schwinger zu Boden. Die Mutter sah den Gewaltexzessen ihres Monster-Zöglings tatenlos zu.

Also watete ich zum weinenden Henri und raunte ihm zu: »Wehr dich, hau zurück. Mach den Kerl fertig.« Henri tat wie ihm geheißen – und lag sofort im Wasser. Weinkrampf! Die Mutter tat immer noch nichts. Also griff ich mir den Hunnen, zog ihn lächelnd zu mir heran und raunte ihm zu: »Wenn du dem Kleinen hier noch einmal die Luftmatratze wegnimmst, freß' ich deine Schwimmflügel auf.« Der Hunne nickte. Er war ein Mann und erkannte seinen Bezwinger. Die Sache war erledigt. Pädagogisch unhaltbar? Absolut unannehmbar, einem Kind zu drohen? Richtig. Aber was sollte ich denn machen? Wenn Henri so herzzerreißend weint, kocht mein Adrenalin. Und ich hätte des Hunnen Schwimmhilfe ja nicht wirklich vertilgt.

Ach ja, es war dann im weiteren ganz nett im Schwimmbad. Besonders als Gesa nach ein paar Runden im Wasser plötzlich ans Ufer schoß, herumhüpfte und in ihren Badeanzug griff. Mit angewidertem Blick hielt sie dann einen sogenannten Rückenschwimmer in der Hand, ein fliegengroßes räuberisches Insekt, das, wenn es geärgert wird, richtig nett zubeißen kann. Was es auch getan hatte, weil es in Gesas Badeanzug gefangen war. Gesa trug drei Tage einen kreisrunden, roten Bißfleck auf dem Bauch. Das kommt davon, wenn man unkritisch das Herumdümpeln in dunklen Gewässern verherrlicht!

Über den Tod
Ein schwieriges Gespräch

Henri: »Wann bin ich tot?«

Papa: »Wenn du gaaaanz alt bist.«

Henri: »Ich will nicht tot sein.«

Papa: »Aber das merkst du doch nicht. Und das dauert auch noch ganz lange.«

Henri: »Wie lange?«

Papa: »Oh, sehr, sehr lange.«

Henri: »Und dann bin ich tot?«

Papa: »Ja, irgendwann, ja. Jeder ist irgendwann mal tot.«

Henri: »Victor sagt, man wird begrabt, wenn man tot ist.«

Papa: »Ja, stimmt.«

Henri: »Ich will aber nicht begrabt sein.«

Papa: »Nein, mußt du ja auch nicht. Du kannst auch verbr..., na, begraben ist doch besser. Hab mal keine Angst.«

Henri: »Graben mich die Männer wieder aus?«

Papa: »Aber nein, mein Junge.«

Henri (fängt an zu weinen): »Warum nicht. Ich will aber ausgegraben werden. Der Bagger soll mich wieder ausgraben. Ich will nicht begrabt sein. Da krieg' ich keine Luft.«

Papa (mit mittlerweile feuchten Augen): »Okay, dann

112

wirst du wieder ausgegraben, wenn du willst.«

Henri: »Sterbt man, wenn man tot ist?«

Papa: »Ja.«

Henri: »Wann sterb' ich?«

Papa: »Wenn du alt bist.«

Henri: »Ich will aber nicht sterben. Muß ich wirklich tot sein?«

Papa: »Nein, ja, aber …«

Henri: »Werd' ich ganz alt?«

Papa: »Oh, ja, du wirst ganz alt.«

Henri (weint wieder): »Aber das will ich nicht. Man sterbt doch, wenn man ganz alt wird.«

Papa: »Ja, äh, also … na, dann wirst du eben nicht ganz alt. Wenigstens nicht ganz doll alt.«

Henri: »Und wann kommt man in den Himmel?«

Papa: »Na, wenn man tot ist.«

Henri: »Und wer ist im Grab drin?«

Papa: »Oh, äh, also, wenn man nicht begraben werden will, kommen da nur so ein paar Sachen rein. Kleider und so. Die werden dann eingebuddelt. Im Himmel braucht man nix anzuziehen. Da ist immer gutes Wetter.«

Henri: »Und die Steine an dem Grab?«

Papa: »Da stehen die Namen drauf von allen, die im Himmel sind. Dann können die, die noch auf der Erde sind, da hingehen und an sie denken.«

Henri: »Und Katzen?«

Papa: »Wie meinst du das?«

Henri: »Omas Katze ist doch tot. Ist die auch in' Himmel?«

Papa: »Ja.«

Henri: »Und wo ist der Grabstein?«

Papa: »Och, das hab' ich grad vergessen.«

Henri ... (nachdenkliches Schweigen)

Am Ende dieses Gesprächs machten wir schließlich drei Dinge ab:

1) Henri wird nicht ganz alt.

2) Er stirbt nicht, wenn er es nicht will.

3) Und er wird nicht »begrabt«.

»Pia soll mich eincremen!«
Die erste Liebe

Es war Liebe auf den ersten Blick. Sie stand plötzlich am Eingang des Ferienbungalows. In einem geblümten Kleid, in braunen Ledersandalen. Das warme Licht der Abendsonne streifte die eine Hälfte ihres hübschen Gesichts mit der kecken Nase und den vielen Sommersprossen. Geblendet kniff sie die Augen ein wenig zusammen und legte den Kopf auf die Seite. Dann lächelte sie. Er hörte auf zu essen. Die Gabel entglitt seiner Hand. Sein Mund stand offen. Schließlich lächelte er zurück. Es machte ihm nichts aus, daß er fast unbekleidet war. Seine Haut war makellos. Ihr Blick glitt an seinem Körper herunter, streifte seinen straffen Bauch und verweilte nachdenklich in der Beckengegend. »Der hat ja noch eine Windel an«, sagte sie. Er blickte an sich herunter, lächelte weiter und sagte gar nichts. Warum sollte er auch keine Windel tragen? Er, Henri, war ja erst drei – und trug Windeln, solange er denken konnte.

»Da, Mä-chen«, sagte Henri schließlich zu uns und deutete auf den Eingang. Richtig, da stand ein Mädchen, etwa sieben Jahre alt, und lästerte über die Windel unseres Ältesten. Jetzt unterbrachen auch wir unser Abendessen. »Hallo«, sagte meine Frau. »Wie heißt du denn?« – »Pia«, sagte sie. »Wir wohnen in Nummer sieben.« – »Henri, sag doch mal, wie du heißt«, forderte ich überflüssigerweise. Henri sagte aber gar nichts. Schließlich war er verliebt. Eine Frauenstimme von weiter hinten zerbrach den Zauber des Augenblicks: »Pia, wo bist du?« Wortlos drehte sich Pia um und lief davon.

Wir aßen weiter. Henri nicht. Er sah weiter mit verklärtem Blick auf die Stelle, wo Pia eben noch gestanden hatte. Mit weiterhin offenem Mund. »Hohsse Mä-chen?« fragte er schließlich mit leicht belegter Stimme, was soviel wie »Wo ist das Mädchen?« heißt.

»Na, die ist jetzt in ihrem Bungalow bei ihrer Mutter«, sagte meine Frau. »Mä-chen soll wiedakomm«, sagte Henri leise und sah traurig aus.

Dies war der Beginn einer wunderschönen, wenn auch etwas einseitigen Romanze. Schon am nächsten Tag trafen wir Pia wieder. Sie stand mit ihrer Mutter vor dem Supermarkt. Henri grinste entrückt, sagte aber kein Wort. Da quäkte sein acht Monate alter Bruder Hannes laut los, weil ihm die Sonne direkt ins Gesicht schien. »Oh, ein Baby«, sagte Pia. »Wie heißt es denn?« Sie sah Henri, den verknallten Dödel, an, und der antwortete: »Grinsekatz.« »Aber Henri, das sagen wir doch nur manchmal zum Spaß«, lachte ich verlegen. »Osram«, sagte Henri. »Aber nein, so nennen wir ihn doch nur, wenn er rote Backen hat. Sag, wie heißt dein Bruder richtig?« – »Frosch«, sagte Henri. Er war nicht bei Sinnen.

Von diesem Tag an liefen wir Pia und ihrer Mutter mit steter Regelmäßigkeit über den Weg. Unser Sohn himmelte seine Traumfrau jedesmal wortlos und voller Inbrunst an – und die ignorierte ihn weitgehend. Am schrecklichsten fand ich es, daß sie ihn noch nicht einmal direkt ansprach, sondern immer nur in der dritten Person: »Der ißt ja komisch« oder »Der hat ja eine doofe Mütze.« Doch mein Sohn hatte sich nun mal entschieden, daß dieses freche kleine Mädchen seine erste große Liebe sein sollte, und ignorierte die ätzenden Bemerkungen. Er blieb passiv und schwelgte. Bis zu dem denkwürdigen Morgen, an dem wir uns gerade für den Strand fertigmachten. Henri griff plötzlich wortlos zur Sonnencreme und marschierte los. Leise folgte ich ihm. Wieder nur mit einer Windel bekleidet, trippelte er geradewegs zum Bungalow von Pia und ihrer Mutter. Die beiden saßen auf der Terrasse und frühstückten. Henri stellte sich direkt vor den Eingang, hielt die Sonnencreme hoch und forderte mit dünner Stimme: »Pia soll mich eincremen.« Stille. »Der spinnt wohl«, sagte Pia sehr uncharmant. Ihre Mutter und ich lachten. Henri stand schweigend da und hielt Pia weiter die Sonnencreme hin. Herzzerreißend! Sanft bugsierte ich ihn zurück in unseren Bungalow. Er leistete keinen Widerstand, blickte sich jedoch dauernd mit sehnsüchtigem Blick um.

»Weißt du«, sagte ich später zu meiner Frau, als ich Henri schließlich selber eincremte. »Auch wenn es hier kein Erfolg war. Ich glaube, der Junge hat's raus. Der wird später schon wissen, wie man die Mädels rumkriegt.« Von wegen. Schon am nächsten Abend folgte nämlich das denkwürdige Essen im Restaurant »El Paraiso«. Pia und ihre Mutter saßen ein paar Tische weiter.

Henri war natürlich schon fix und fertig, seit er seinen Schwarm gesichtet hatte, und grinste dauernd zu ihr rüber. Als, wie üblich, keine Reaktion kam, stand er plötzlich auf, ging zu Pias Tisch und blieb dort stirnrunzelnd stehen. Dann fragte er laut: »Hast du Busen?« Pias Mutter antwortete für ihre überraschte Tochter: »Nein, mein Kleiner, das dauert noch.« Henri ging dann wieder.

Den dramaturgischen Höhepunkt aber erreichte Henris Verliebtheit am letzten Tag unseres Urlaubs. Pia saß am Swimmingpool und streichelte ein paar kleine Kätzchen, die dort mit ihrer Mutter in der Sonne lagen. Henri trippelte hin, stand still daneben und wartete. Heute hatte er sogar mal keine Windel an, sondern nur seine neuen Bermudas ohne was drunter. Und dann richtete Pia überraschend das erste Mal das Wort an ihn. »Sind die nicht süß, Henri«, fragte sie und lächelte. In Henris Gesicht ging die Sonne auf. Er sagte jedoch gar nichts, sondern pinkelte vor lauter Begeisterung deutlich sichtbar in die Hose. Ich ermahnte ihn umgehend, nicht in Gegenwart junger Damen zu urinieren. Umsonst: Der Vorfall belastete das Verhältnis zu Pia schwer. Man schied voneinander, ohne jemals zueinandergefunden zu haben. Auf der gesamten Rückreise kannte Henri trotzdem nur ein Thema: Pia und noch mal Pia. Es machte ihm nichts aus, daß sie »Pinkler« und »Windelmatz« zu ihm gesagt hatte. Gar nichts machte es ihm aus. Selbst zu Hause kriegte er Pia nicht aus seinem kleinen Kopf.

Bis letzten Sonntag. Da waren wir zusammen auf dem Spielplatz. Wir saßen auf einer Bank. Und da ließ Henri plötzlich sein Eis sinken und bekam wieder diesen Blick. Er fixierte ein Mädchen auf einem Klettergerüst. Etwa acht, mit schwarzen Haaren und einem knallgelben Rock. Sie bemerkte, daß Henri sie ansah, fühlte sich offenbar geschmeichelt und lächelte. »Frag sie doch, wie sie heißt«, sagte ich. Henri schwieg. Doch als sie schließlich an uns vorbeiging, nahm er allen Mut zusammen und piepste: »Wie heißt du?« Sie ging weiter, und ich wollte ihn schon trösten, daß sie ihn wohl nicht gehört habe. Da blieb sie stehen, drehte sich um, warf lachend den Kopf in den Nacken und sagte: »Victoria. Ich heiße Victoria.« – »Hast du Busen?« fragte Henri und lachte übers ganze Gesicht.

Wo bleibt der Datenschutz im Kinderzimmer?

George Orwell hat es gewußt. Heute, im Zeitalter von Multi-Media, ist das Szenario seines düsteren Romans »1984« Realität geworden, und die Opfer der lückenlosen Lebensüberwachung sind unsere Kinder.

Kaum geboren, fällt der Nachwuchs bereits polizeifotografischem Detailwahn zum Opfer: Frontalansicht, Halbprofil und eine Ganzkörperansicht des Säuglings werden ohne Rücksicht auf seine lichtempfindlichen Augen im Rahmen wahrer Blitzlichtorgien im Bild festgehalten. Und von da an gibt es kein Zurück mehr. Selbst Menschen, die gegen die Volkszählung protestiert haben, beteiligen sich an der lückenlosen Totalerfassung des neuen Menschen. Mit Hilfe von Fotos, Videokameras, Kassettenrecordern, schriftlichen Notizen (»Gerald hat erstmals gerülpst«) wird jeder Entwicklungsschritt, jede Lebensäußerung des Nachwuchses akribisch dokumentiert und archiviert. Das gläserne Kind ist da. Sogar wenn die Kleinen sich nachts unbeobachtet wähnen, sichern sich die Eltern mit Hilfe von Stasi-Methoden die totale Kontrolle. Ein sogenanntes »Babyphone« sorgt für die akustische Raumüberwachung. Im Wohnzimmer sitzen IM Daddy und Co. und hören mit. Auch der Verfasser dieser Zeilen bekennt, ein solcher Kinder-Spitzel gewesen zu sein. Alles für die gute Sache, versteht sich. Ältere Kinder kennen die Probleme mit den tückischen Wanzen: Kaum kichert man ein bißchen herum und

knipst das Licht wieder an – da stehen Mielkes sanfte Erben schon in der Tür.

Nach sechs Jahren ist bereits ein beachtliches Dossier über den neuen Erdenbürger zusammengetragen worden. Fotoalben und Videofilme füllen Regale. Tagebücher der Eltern zeugen von perverser Detailbesessenheit. Und in einem dicken Ordner harren erste kindliche Zeichen- und Schriftversuche der graphologischen Auswertung. Neuerdings ist sogar eine perverse Spielart der Daktyloskopie in Mode gekommen. Nicht der Fingerabdruck wird hier von verirrten Erziehern festgehalten, sondern man tunkt einen oder sogar beide Füße in Farbe und drückt sie auf ein weißes Stück Papier. Der so entstandene Abdruck soll natürlich nur »niedlich« sein, dient jedoch zweifellos der Erstellung einer Datenbank zur schnellen Identifizierung von Fußabdrücken.

Nach und nach beginnt sich auch das Kind unter der Flut der Datenerfassung zu verändern. Die dauerhafte Präsenz von Fotoapparaten, Videokameras oder Aufnahmegeräten, verbunden mit harschen Kommandos, jetzt doch bitte mal zu lächeln, locker ins Objektiv zu gucken oder gerade zu stehen, führt dazu, daß das naürliche Repertoire kindlicher Bewegungsabläufe schließlich zu einer Anhäufung mediengerechter Posen mutiert. Sehen die Kleinen eine Kamera oder ähnliches, erstarren sie, lächeln maskenhaft oder beginnen, sinnlos Weihnachtsgedichte, Lobeshymnen auf Großmütter etc. zu deklamieren. Die Dressur der Aufnahmegeräte hat furchtbare Früchte getragen. Die Kinder werden zu Knallchargen in ihrer eigenen, multimedial erzeugten Biographie. Echte

Gefühle verkommen zu einer Spielart des »method acting«. Loriot hat das bereits vor Jahren vorausgesehen: »Ein Klavier, ein Klavier …, Mutter, wir danken dir.« So wiederholt in einem seiner Sketche endlos und gebetsmühlenartig eine Familie die Danksagung an die spendable Omi, weil Vati einfach nicht mit der Videokamera zurechtkommt.

Ist der datentechnisch totalerfaßte Mensch schließlich fast erwachsen, kommt es zu dem gefürchteten »backlash«. Der Adoleszente erkennt die wahre Bedeutung der abnormen Daten-Sammelwut seiner Erzeuger und entwickelt plötzlich das Verhalten von Eingeborenen, die Angst haben, daß ein Fotoapparat ihnen ihren Geist wegzaubert. Kategorisch verweigern sie jede mediale Erfassung. Manche Halbwüchsigen sind schwerer vor die Kamera zu bekommen als scheue Prominente. Und das alles nur, weil Mami und Papi es wieder mal zu gut gemeint haben.

Lange Zeit wird der junge Mensch jedem Fotoapparat, jeder Kamera mit äußerstem Mißtrauen begegnen.

Aber dann, etwa fünfzehn Jahre später, wenn die eigenen Kinder geboren werden, bricht die teuflische Saat auf. Und in der Tasche für die Entbindungsklinik finden sich ein Strampler, Windeln, Sachen für die Mutti, eine Spieluhr und – ein Fotoapparat.

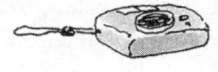

Wenn Kinder Zeugnisse ausstellen könnten

(Tragen Sie bitte Ihren Namen
und zutreffende Daten in die Leerräume ein)

Herrn und Frau .... wird hiermit bestätigt, daß sie bereits seit .... Jahren für uns als Eltern tätig sind. Sie haben sich stets bemüht, die ihnen übertragenen Aufgaben zufriedenstellend zu erledigen. Insbesondere Frau .... hat durch ständige Anwesenheit und zahlreiche Überstunden die Bedürfnisse der Zeugniserssteller angemessen befriedigen können. Die zahlreichen Fehlzeiten von Herrn .... können hier leider nicht unerwähnt bleiben. Beim Wickeln hat er sich ebenfalls nicht immer geschickt angestellt. Unzureichend entfernte Fäkalien führten häufig zu unangenehmem »Po-Weh«. Zu seiner Entlastung ist jedoch anzumerken, daß die Unterzeichnenden häufig durch Brüllen, Zappeln und Treten den Reinigungsvorgang erschwerten.

Die Zubereitung der Mahlzeiten erfolgte stets pünktlich. Schmackhaft waren sie nicht immer, enthielten jedoch meist die notwendigen Nährstoffe. Mit Zucker wurde nach Ansicht der Unterzeichnenden allerdings unverhältnismäßig gegeizt. Darüber hinaus kam es mehr als zweihundertvierunddreißigmal zu leichten Verbrennungen der Lippen, da die gekochte Nahrung sehr häufig in zu heißem Zustand serviert wurde. Es konnte nicht aufgeklärt werden, warum Eltern erhitzte Speisen (insbesondere den tückischen Brei) nicht erst abkühlen lassen, bevor sie serviert werden.

Der Zimmerservice durch Herrn und Frau .... war bisher hervorragend. Leichte Speisen wurden noch spätabends serviert. Getränke die ganze Nacht hindurch. Hier wurden Maßstäbe gesetzt.

Die Versorgung mit Spielzeug war dagegen allerhöchstens zufriedenstellend. Das Beharren auf Materialien wie Holz und Wolle wird von den Unterzeichnenden als ehrenhaft gewürdigt, ging jedoch an den wahren Bedürfnissen ihrer Kinder vorbei. Batteriebetriebene, laut lärmende Spielzeuge und Pistolen wurden nicht in ausreichender Menge zur Verfügung gestellt. Dennoch soll nicht unerwähnt bleiben, daß die hier zu Würdigenden sich liebevoll und mit viel Fleiß bemüht haben, selbst Spielzeug herzustellen (basteln, stricken, bauen). Die weitgehende Untauglichkeit dieser Eigenproduktionen sei hier einmal dahingestellt.

Kritisch angemerkt werden muß das unflexible und anachronistische Beharren der Eltern auf zeitigem Beginn der Nachtruhe. Das sogenannte »Vorlesen« am Abend war darüber hinaus oft zu deutlich als uninspiriertes Herunterleiern der immer gleichen Geschichten zu erkennen. Selbst ein Spitzenwerk wie »Pippi Langstrumpf« erfordert ein Mindestmaß an Vortragskunst, um seine Wirkung zu entfalten. Auch erschien uns das Wochenend-Unterhaltungsprogramm frühmorgens nicht immer zufriedenstellend. Hier ließen Herr und Frau .... zu oft den nötigen Enthusiasmus vermissen.

Gestreichelt, geküßt und gekitzelt wurden die Unterzeichnenden ausreichend. Beim Haarewaschen ließen Herr und Frau .... allerdings gelegentlich die nötige Einfühlsamkeit vermissen.

Die sorgfältige Verwendung von Stützrädern, Kindersitzen und Sturzhelmen wird lobend hervorgehoben. Zweimal allerdings glitt einer der Unterzeichnenden vom Hochstuhl und schlug auf dem Boden auf, da Herr oder Frau .... das Angurten versäumt hatte. Ernsthafte Verletzungen waren glücklicherweise nicht zu vermelden. Trotzdem muß hier – wegen der grundsätzlichen Bedeutung dieser Vorfälle – der Vorwurf grober Fahrlässigkeit ausgesprochen werden.

Die bisher durchgeführten Urlaubsfahrten hatten zufriedenstellenden Charakter. Der Sandburgenbau gehört jedoch zweifellos nicht zu den Stärken von Herrn .... Hier herrscht Fortbildungsbedarf, da es sich um ein zentrales Thema kindgerechter Freizeitgestaltung handelt.

Unterm Strich sind die Unterzeichnenden jedoch – auch wenn wir unsere Erfahrungen mit denen anderer Betroffener vergleichen – sehr zufrieden mit Herrn und Frau ....

Wir freuen uns auf eine weitere, intensive Zusammenarbeit und können Herrn und Frau .... trotz der aufgeführten Mängel auch im Hinblick auf weitere Elternschaften guten Gewissens empfehlen.

Gezeichnet

_____

(Lassen Sie hier bitte Ihre Kinder unterschreiben)